高齢者とつくる

かんたん！ かわいい！

季節の壁面飾り

三瓶あづさ 監修

ナツメ社

はじめに

　壁面製作は「作り上げること」が目的ではありません。

　利用者同士、また、スタッフと利用者が楽しい時間を過ごすためのひとつの手段です。

　壁面製作は季節の話をするきっかけになります。また、「何をしたらいいかな」と考えるなかで、利用者の得意なことに気づいたり、それを引き出せたりすることもあるでしょう。そのために、この本を活用していただければと思います。

　はじめからスタッフが作るものを決めて、利用者に「これを作りましょう」と伝えるのもよいのですが、この本を見せて「これを作ってみようかと思うのですが……」「この中から何か作ってみましょう」と声かけするところからはじめるのもおすすめです。

　さらに、利用者の方々をめいっぱい頼って、計画段階から一緒に始めると、より楽しい活動になるのではないでしょうか。

　期日までに完成させることも大切ですが、多少遅れても、利用者とスタッフが一緒に作ることを大切にしていただきたいです。みんなで材料を確認したり、試作品を作ってみたり。作品の出来がいまひとつでも、みんなでやり遂げる時間をもてることがよいのです。

　最後に、なるべく仕上げの工程は利用者の方と一緒に行ってほしいです。間に合わせるために、スタッフが仕上げてしまうことも多いでしょうが、一部分でも仕上げに関わることで、利用者の方の達成感や作品への感じ方が変わるように思います。

　「今度は遅れないように作りたいですね」「次は○○○でやってみましょう」など、次回への展望を語り合えば、意欲の継続にもつながります。完璧も必要、ゆるい感じも必要、この塩梅が難しいところです。

　この本が、そんな製作活動のお役に立てると嬉しいです。

三瓶あづさ

本書の使い方

壁面

技法
利用者が取り組む主な製作の技法を示します。

材料・道具
壁面を作るために必要な材料と道具です。

型紙
型紙が掲載されているページ。

作り方
利用者中心で行う取り組みは 利用者 と示しています。黄色の下線は、なるべく利用者に参加してもらいたい「仕上げ」の作業です。
＊下準備を含め、スタッフがサポートに入りながら、利用者と一緒にできそうなところは参加を促しましょう。

ポイント
製作するときに気をつけたい点やコツを紹介します。

季節の花

フレーム

目次

冬 1月

2月

春 3月

型紙の
ダウンロードについて

型紙のPDFデータは、ナツメ社ウェブサイト内、書籍紹介ページからダウンロードできます。
https://www.natsume.co.jp/

≪ 壁面飾りを一緒に楽しむ ≫
7つのヒント

利用者の方と壁面製作に取り組むとき、
大切にしたいのは、利用者もスタッフも楽しむこと。
そのために、知っておきたいポイントやアイデアを紹介します。

1 作品テーマは利用者と一緒に考える

壁面製作には、利用者に親しみのある季節の花や食べ物、年中行事などを取り入れたいもの。ある程度のテーマを想定しながら、「〇月といえば、何を思い浮かべますか？」と利用者に聞いてみましょう。定番や地域の特徴的なものなど、出てきたイメージを作品に生かせると、利用者の期待も膨らみます。

2 下準備にもなる見本作りは大切

作業工程や作品の完成イメージを利用者と共有するためにも、見本作りは必須。手順やサポートが必要そうなところも事前に把握できます。また、材料を扱いやすい大きさに切っておくといった下準備をしておくと後がラクです。

3 説明は動作ごとに区切ってわかりやすく

作り方は「切ったお花紙を丸めてそれぞれを包む」というようにまとめるのではなく、「お花紙を半分に切る」「切ったお花紙を丸める」「丸めたお花紙を別のお花紙で包む」と区切って伝えます。2 で途中の見本を作っておくとよりわかりやすくなるでしょう。

4 「手伝って」「一緒に」を キーワードに声かけを

コツコツ一人で作業するのが好きな人や、製作にあまり乗り気でない方には「手伝って」、みんなで活動するのが好きな人には「一緒に」とキーワードを変えて誘ってみましょう。参加したくなる楽しい雰囲気作りを忘れずに。

5 コミュニケーションが 広がるように

壁面に取り組む利用者同士やスタッフとの会話が弾むような一言を添えましょう。「色の組み合わせが素敵ですね」など個性を感じる部分を紹介すると、お互いに感想を話すきっかけになることも。次回の製作意欲へとつなげましょう。

6 利用者が達成感を 味わえるサポートを

利用者の健康状態や動作状況を把握して、無理なく取り組めることを見極めます。手指が動かしづらい場合は台紙をテープで固定する、など状況に応じてサポートを。完成した作品が飾られたとき、達成感を感じられるとよいでしょう。

7 材料や作品管理は 割り切ることも必要

施設に飾りっぱなしの作品が季節にそぐわなかったり、作品の保管場所に悩みすぎたりするのは考えもの。利用者の反応や材料・道具の改善点などをスタッフで共有したら、作品は定期的に処分し、次の製作に切り替えましょう。

【 さまざまな技法 】

利用者はどのような動作が可能か、スタッフはどこまでサポートできるか、
それらの要素を総合的に考え、施設に合った活動を選ぶのがスタッフの腕の見せどころ。
ここでは、本書で登場する主な動作を難易度順に並べました。作品選びの参考にしてください。

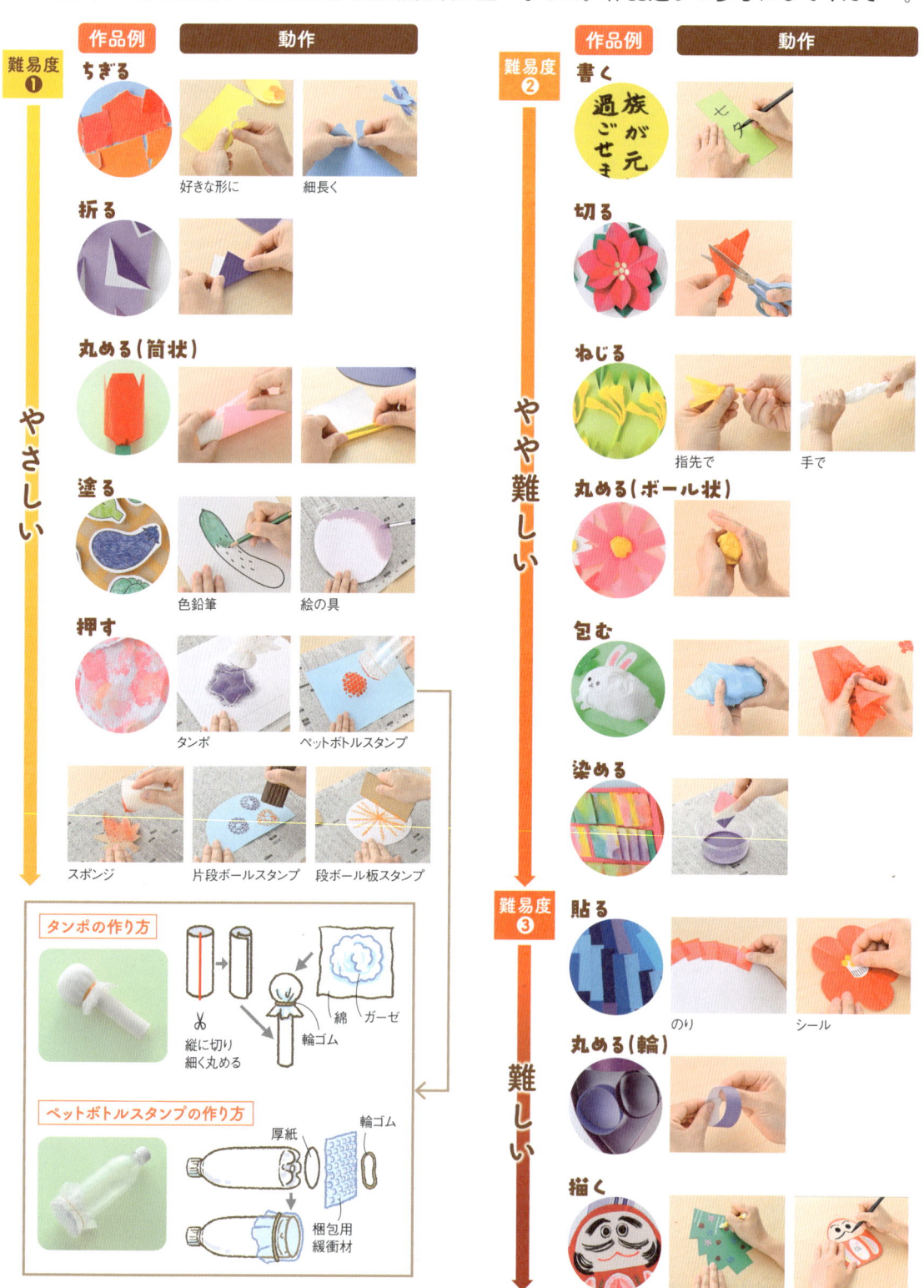

難易度❶ やさしい	作品例	動作	
	ちぎる	好きな形に	細長く
	折る		
	丸める(筒状)		
	塗る	色鉛筆	絵の具
	押す	タンポ	ペットボトルスタンプ
		スポンジ	片段ボールスタンプ／段ボール板スタンプ

タンポの作り方
縦に切り細く丸める／輪ゴム／綿／ガーゼ

ペットボトルスタンプの作り方
厚紙／輪ゴム／梱包用緩衝材

難易度❷ やや難しい	作品例	動作	
	書く		
	切る		
	ねじる	指先で	手で
	丸める(ボール状)		
	包む		
	染める		

難易度❸ 難しい	作品例	動作	
	貼る	のり	シール
	丸める(輪)		
	描く		

＼まずは取り組みやすい／
【カレンダー作りに挑戦！】

型紙 P.81

壁面作りの流れをつかむために、まずは毎日使えるカレンダー作りがおすすめ。
数字がメインなので、だれでも参加しやすいのが特長です。

アイデア❶
シンプルカレンダー

切る　塗る　貼る

材料	・模造紙　　・コピー用紙
道具	・ペン　・はさみ　・のり ・色鉛筆

作り方

1 数字や曜日の文字を印刷する。カレンダーの枠を模造紙に描く。

2 **利用者** 1のコピー用紙を四角に切る。日曜日や祝日、曜日の背面に色を塗る。

3 **利用者** 枠の中に貼り、季節のモチーフを飾る。

アイデア❷
丸シールカレンダー

切る　描く　貼る

材料	・コピー用紙　　・色画用紙 ・丸シール
道具	・はさみ　・のり

作り方

1 **利用者** 印刷した数字を、四角に切る。

2 **利用者** 祝日の数字にのみ、背景を自由に描く。数字の上から丸シールを重ねて貼る。

ポイント 土曜、日曜、祝日はシールの色を変えます。ワンポイントを入れてもかわいいです。

3 色画用紙の月や曜日を貼る。季節のモチーフを飾る。

11

初日の出

貼る　切る　ちぎる

新年の始まりにふさわしい
富士山と初日の出。
おめでたい一年になりそうです。

型紙
P.82

材料
- 画用紙
- 白い紙（コピー用紙など）
- セロファン
- クラフト紙
- スズランテープ
- 色画用紙
- 折り紙

道具
- 鉛筆　・はさみ　・のり　・カッター

作り方

1 太陽の円と富士山を画用紙に描いて切る。セロファンを適当な大きさに切る。スズランテープを適当な長さに切る。

2 利用者（太陽）のりを塗った円の外側から中央に向かってセロファンを貼る。貼り終えたら、縁に沿って切る。周りにスズランテープを貼る。

円からはみだした
セロファンを切る

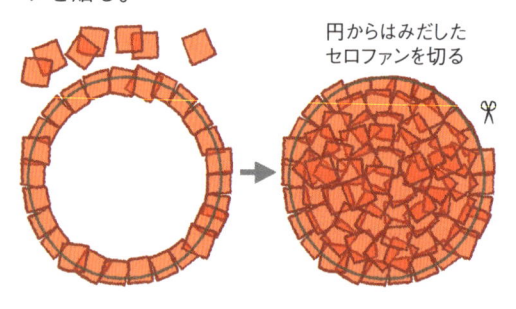

利用者（富士山）折り紙を長方形に切って貼る。白い紙をちぎって貼る。

3 富士山に、ねじったクラフト紙の道を貼る。色画用紙の旅人を貼る。

南天と水仙

押す　折る　切る

型紙
P.83

縁起物の南天と清楚な水仙。
紅白のコントラストが新しい年の
幸せを運びます。

材料 ● 色画用紙　● 折り紙　● 画用紙

道具
● はさみ
● ペットボトルスタンプ
（ペットボトル、梱包緩衝材、
輪ゴム、厚紙）
● 絵の具
● 絵筆
● ペン
● のり

作り方

作り方 P.10

1 <u>ペットボトルスタンプを作る。</u>

2 利用者（南天）スタンプに絵筆で絵の具を
つけて、色画用紙に押す。乾いたら丸く切る。

利用者（水仙）水仙の切り紙をする。切りこ
みを入れた花芯は起こして貼る。

花びら

花芯

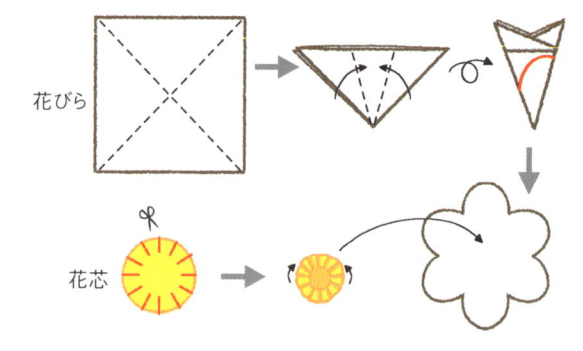

3 色画用紙の枝や葉、茎を貼る。画用紙に目
を描いて耳をつけた雪ウサギを飾る。

だるまと宝船

貼る　描く

まあるいフォルムが和む、
だるまの宝船。
年の初めを元気よく飾ります。

型紙
P.83

| 材料 | • 色画用紙 • 画用紙 • 折り紙 • 千代紙 • 丸シール |
| 道具 | • はさみ • 色鉛筆 • のり • 筆ペン |

作り方

1 色画用紙を切り、だるまの体とパーツを作る。

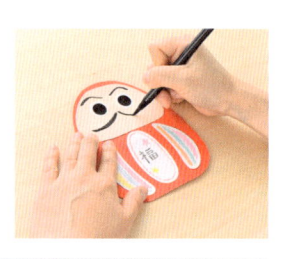

2 利用者 だるまの体に1のパーツを貼り、色鉛筆や筆ペンで自由に描く。

ポイント 表情を描くのが難しい場合、目や口に丸シールを使うなど工夫すると簡単になります。

3 色画用紙や折り紙で作った宝船や松竹梅、波などを飾る。

羽子板

切る **貼る**

型紙
P.84

お正月らしさ満点の
賑やかな壁面。市松模様の色の
組み合わせに個性が出ます。

材料
- 折り紙
- 千代紙
- 色画用紙
- ひも
- 丸シール
- 不織布

道具
- はさみ
- のり
- 木工用接着剤
- 両面テープ

作り方

1 色画用紙や丸シールで縁起物の富士山や
松竹梅、つばきなどを作る。

2 利用者 折り紙や千代紙2
種類を小さい四角に切る。
羽子板の台紙に市松模様に
なるように貼る。1と結
んだひもを飾る。

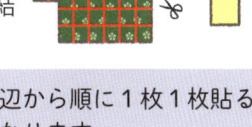

ポイント 市松模様は上辺から順に1枚1枚貼る
とずれにくくなります。

3 不織布で台を作って貼り、その上に2を貼る。色画
用紙の羽や縁起物を飾る。

17

2月

包む　ちぎる
貼る　もむ

梅とうぐいす

型紙
P.84

春の訪れを告げる梅とうぐいす。
2種類の梅が、壁面を表情豊かに彩ります。

材料	• ペットボトルのふた　• 折り紙
	• お花紙　• 色画用紙

道具	• セロハンテープ　• のり
	• はさみ

作り方

1 （花芯）折り紙で花芯を作る。

利用者 （梅①）お花紙でふたを包む。折り
紙をちぎった花びらを貼る。
折り紙の花芯を貼る。

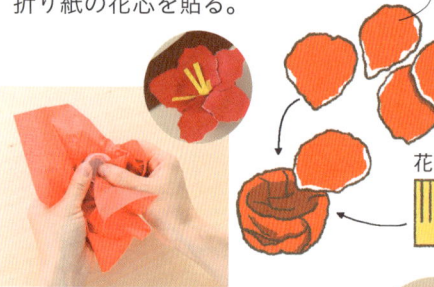

ちぎった花びら

花芯

2 利用者 （梅②）折り
紙をよくもんで、**1**
と同じようにふたを
包む。**1**の花芯を貼
る。

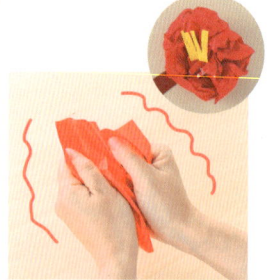

ポイント よくもんだ折り紙はボリュー
ムが出るので、花びらを貼ら
なくてOK。

3 色画用紙の木の枝、うぐいすを貼り、**1**、**2**
の梅を貼る。ちぎった雲を飾る。

節分の鬼

折り紙で作るパーツの色や形、大きさで、しっかりと個性が出せる鬼の壁面です。

折る　**貼る**　**型紙 P.85**

材料
- 色画用紙
- 折り紙
- 千代紙
- 丸シール

道具
- はさみ
- のり
- ペン

作り方

1 色画用紙を正方形に切る。折り紙をいろいろな大きさ、形に切る。

2 **利用者** 正方形の角を自由に折って顔の土台にする。1の折り紙を自由に折って、顔のパーツにする。組み合わせて貼り、鬼の顔を作る。

ポイント じゃばら折りや三角など、自由に折って形を楽しみます。

3 2の鬼の顔の周りに、色画用紙や千代紙で作ったおかめや「鬼」「福」の文字、梅、豆を飾る。

バレンタイン

● ●

ハートいっぱいのキュートな
バレンタイン。にじみ絵の
変化を楽しみましょう。

描く　**丸める**　**もむ**　型紙
P.85

材料	• 障子紙　• 厚紙
	• 色画用紙　• リボン
	• ティッシュペーパー

道具	• 水性ペン　• セロハンテープ
	• 霧吹き　• のり　• 両面テープ

作り方

1 厚紙と色画用紙をハート（小・大）
の形に切る。ハート（小）を包め
る大きさに障子紙を切る。

利用者 水性ペンで障子紙に模様を描く。水を霧吹きし、
にじませる。乾いたらもんでしわをつける。

2 利用者 **1**の厚紙にティッシュ
ペーパーを丸めてテープで
とめる。**1**の障子紙で包み、
ハート（大）の色画用紙に貼
る。リボンをつける。

3 中央に色画用紙の男の子と女
の子を、周りにハートを飾る。

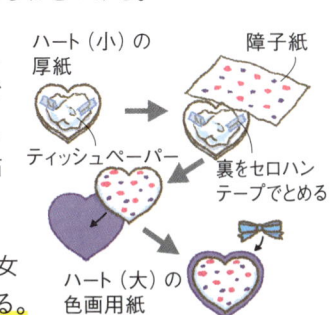

ハート（小）の
厚紙

障子紙

ティッシュペーパー

裏をセロハン
テープでとめる

ハート（大）の
色画用紙

つばき

ぼってりとした厚い花びらが美しいつばき。
鮮やかな赤で華やかに。

◆共通の葉は、折り紙で作ります。

タンポつばき

押す **描く**

タンポにつける絵の具は濃く、
少なめの水で溶きましょう。

材料	• 画用紙

道具	• はさみ　• セロハンテープ　• タンポ
	• 絵の具　• 鉛筆　• 綿棒

作り方 P.10

作り方

1 画用紙をつばきと花芯の形に
切る。花芯は輪にしたセロハ
ンテープで軽く中心に貼る。

2 利用者 タンポに絵の具をつけて5つ押す。1の花芯
の画用紙を外し、綿棒と鉛筆で花芯を描く。

立体つばき

切る **貼る**

色鮮やかなつばきは、切りこみを
入れて立体的に仕上げます。

材料	• 色画用紙　• ペットボトルのふた　• ボンテン

道具	• はさみ　• のり　• 木工用接着剤

作り方

裏

ボンテン

1 利用者 色画用紙を花びら
6枚の形に切る。1か所
に切りこみを入れ、花び
ら1枚分を重ねて貼る。

2 利用者 裏にして、中心部分をつぶす。
表の凸にふたを貼る。ふたの上にボンテンを貼る。

切り紙つばき

折る **切る**

折り方を覚えれば簡単に作れる
切り紙。花芯の丸シールに注目！

材料	• 折り紙　• 丸シール（大・小）

道具	• はさみ　• ペン

作り方

1 利用者 折り紙でつばき
の切り紙を作る。

2 利用者 （花芯）丸シール
（大）の両端を切り、線を
描く。つばきの花に貼り、
丸シール（小）を貼る。

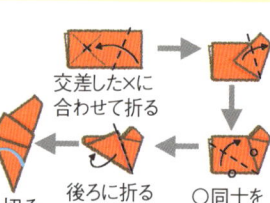

交差した×に
合わせて折る

〇同士を
合わせる

後ろに折る

切る

タンポつばき

立体つばき

切り紙つばき

フレームの作り方はP.78 →

3月

折る　描く
切る　貼る

ひなまつり

型紙
P.87

ひなまつりにぴったりの
華やかな壁面。キラキラ素材を
加えて豪華に仕上げます。

材料	• 千代紙　• 色画用紙　• お花紙
	• 折り紙

道具	• はさみ　• のり　　　　• ホチキス
	• ペン　　• 型抜きパンチ　• 両面テープ

作り方

1 折り紙を冠や扇子の形に切る。色画用紙を
扇の形に切る。小さく切った折り紙やパン
チで抜いた花を用意する。

2 利用者（男雛・女雛）千代紙を半分に切り三
角形を作る。下のように折り、まっすぐに
切る。顔を描き、1のパーツを貼る。

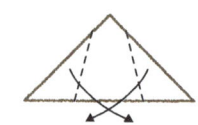  

利用者（扇）金の折り紙をじゃばら折りし、
持ち手をホチキスでとめる。1の色画用紙に
合わせて貼る。男雛・女雛を貼り、1を周り
に飾る。

ポイント

じゃばら折りした折
り紙を壁に貼るとき
は、コピー用紙など
の紙を絵のように
折って差しこみ、両
面テープで貼ると落
ちにくくなります。

両面
テープ　　　両面
テープ

3 お花紙を丸や花の形に切る。花2枚は少し
ずらして重ねる。扇の周りに飾る。

ふきのとう

雪解けの土から顔を出すふきのとう。
いきいきとした生命力を感じさせます。

切る **貼る** **包む** 型紙 P.87

材料	• 紙コップ	• 折り紙
	• お花紙	• 丸シール

道具	• はさみ	• のり
	• セロハンテープ	• 両面テープ

型紙 P.87

作り方

1 **利用者** 紙コップに6等分の切りこみを入れて、開く。開いた部分に、葉の形に切った折り紙を貼る。

ポイント 紙コップの飲み口部分はかたくて切りづらいのでサポートしましょう。

2 **利用者** お花紙を丸めてお花紙で包む。**1**の中心に貼り、丸シールで飾る。

3 ふきのとうの周りに、細長く切った折り紙の土や芽、しわをつけたお花紙の雪を貼る。

イチゴ狩り

粒ぞろいのかわいいイチゴが
実りました。みんなで摘みに
出かけたくなりそう。

包む 描く 貼る 型紙
P.87

材料 ● お花紙 ● 色画用紙
● 丸シール

道具 ● セロハンテープ ● ペン
● はさみ ● のり

作り方

1 色画用紙でイチゴのへたと茎
を作る。色画用紙を葉や花の
形に切り、ペンで葉脈を描く。

2 利用者 お花紙を丸めてお花紙
で包む。後ろをセロハンテー
プでとめてイチゴの形にする。
ペンで種を描く。1のへたと茎
を貼る。

3 黒いビニールを表した色画用
紙を貼る。イチゴと1の葉や花
を飾る。

へた

イチゴ

茎 先端を少し
折って貼る

アイデア イチゴの種
は黒の丸シールで
も代用できます。

4月

桜と小川

押す ちぎる 貼る

型紙 P.88

満開の桜並木の横を
静かに流れる小川。ピンクと水色の
コントラストが美しい壁面です。

材料	•画用紙 •折り紙 •模造紙 •色画用紙

道具	•タンポ •絵の具 •のり •はさみ •ペン

作り方　作り方 P.10

1 タンポを作る。

利用者 画用紙にタンポを押す。乾いたら、もんでしわをつけて、ちぎる。

ポイント タンポは水につけて絞ると、絵の具がよくつきます。

2 模造紙に川の枠を描く。

利用者 折り紙を細長くちぎる。重ねながら貼る。

3 色画用紙の木の幹の上に、**1**を少し重ねながら貼る。色画用紙のメダカとしわをつけてちぎった菜の花を飾る。

菜の花畑

ちぎる 貼る

鮮やかな黄色が印象的な菜の花畑。
飛び回るチョウチョウの動きにも
注目です。

型紙
P.89

材料	• 色画用紙	• 綿棒	• 丸シール
	• 折り紙	• モール	
道具	• のり	• スタンプ台	• ペン

4月

作り方

1 利用者（菜の花）花の形にちぎった色画用
紙の上に、ちぎった折り紙の花びらを貼る。

2 利用者（つぼみ）綿棒を半分に曲げ、先にイ
ンクをつける。

3 色画用紙の茎と葉、1と2を貼り、菜の花の
完成。茎の下に、しわをつけてちぎった土
を貼る。モールの触角をつけたチョウチョ
ウと動きを表す丸シールを貼る。

クローバーとウサギ

新緑のクローバー畑をウサギたちが
元気よく跳ねています。

丸める **包む** **折る** **切る** 型紙 P.89

材料
- お花紙
- 丸シール
- 模造紙
- 色画用紙
- 折り紙
- マスキングテープ

道具
- セロハンテープ
- はさみ
- ペン
- のり
- 両面テープ

型紙 P.89

作り方

1 利用者 丸めたお花紙をさらにお花紙で包み、裏をとめる。色画用紙の耳や足を貼り、丸シールとペンで顔を描く。

2 利用者 三つ葉と四つ葉の切り紙を作る。

三角に折る 三つ葉

四つ折りする 四つ葉

3 背景の模造紙に**1**, **2**を貼る。シロツメクサとマスキングテープや丸シールで飾った木、雲を飾る。

竹の子

切る **貼る** 型紙 P.90

ぐんぐん伸びていきそうな竹の子。
さまざまなサイズの三角形を
貼るだけで簡単に作れます。

材料 ▶ •折り紙 •片段ボール •色画用紙

道具 ▶ •はさみ •のり

作り方

1 色画用紙を竹の子型に切る（台紙）。

2 利用者 折り紙を三角形に切る。さまざまな色、大きさに切り、**1**の台紙に自由に貼る。

3 細長く切った片段ボールとちぎった色画用紙で仕上げる。色画用紙の竹と笹を飾る。

こいのぼり

折る　染める　貼る

型紙 P.90

風にのって大空を堂々と泳ぐ
こいのぼり。染め紙の鮮やかな
うろこがはためきます。

材料
- 障子紙
- 色画用紙
- アルミホイル
- 折り紙やキラキラテープ
- 画用紙
- ひも

道具　・はさみ　・のり　・絵の具　・色鉛筆

作り方

1 色画用紙をこいのぼりの形に切る（台紙）。
障子紙を短冊状に切る。

2 利用者 障子紙をじゃばら折りする。角を絵
の具で染める。広げて乾かしたら台紙に貼る。

ポイント 長めの障子紙を準備して、ひだをつけ
ながら貼ると、難易度が上がります。

3 2にこいのぼりの顔やひれをつける。画用
紙を筒状にして、ひもでこいのぼりを結ぶ。
先端に丸めたアルミホイルを貼る。色画用
紙の吹き流しやツバメ、しわをつけた雲を
貼る。雲の周りを色鉛筆で縁取る。

藤 棚

型紙
P.91

三角に折った折り紙で作る
藤の花。段ボール板の棚で
立体感を出して。

材料	• 折り紙	• 段ボール板
	• 色画用紙	

道具	• はさみ	• のり

作り方

1 色画用紙を藤の形に切る（台紙）。折り紙を正方形に切る。

2 利用者 折り紙を三角に折る。台紙に下向きになるように貼る。

3 細長く切った段ボール板で棚を作り、2と色画用紙の葉を貼る。

窓辺のバラ

折る / 貼る

リズミカルな音楽が
聴こえる窓辺に、
満開のバラが咲き誇ります。

型紙
P.91

材料 • 色画用紙

道具 • はさみ • のり
• セロハンテープ
• ピンキングばさみ
• カッター • ペン

作り方

1 色画用紙を6分の1
に切り、2本つなげる。

2 利用者 上へと重ねる
ように折り、最後は
裏で貼る。

3 壁の中央に窓枠とネコ
を貼る。周りをバラで
囲み、葉を飾る。音符
を散らす。

$\frac{1}{6}$に
切る

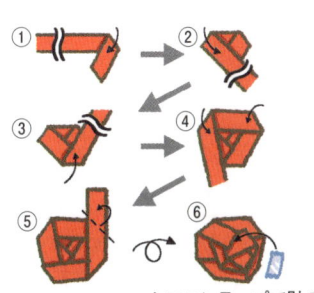

セロハンテープで貼る

37

チューリップ

「♪咲いた　咲いた」の歌詞にあるように、春を代表するチューリップ。好きな形を選びましょう。

◆ 共通の茎と葉は、色画用紙で作ります。

◆ 共通
（茎）色画用紙を3分の1の幅に折る。
（葉）葉の形に切った色画用紙を茎に貼る。

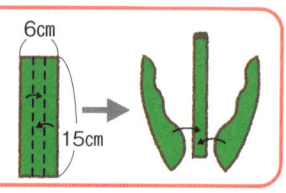
6cm
15㎝

折る　折り紙チューリップ

2回折るだけで完成！　グラデーション折り紙で豪華な雰囲気に。

材料　•グラデーション折り紙

道具　•のり　•はさみ

作り方

1　利用者　折り紙を半分に折り、絵のように折る。

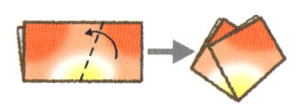

丸める　ねじる　立体チューリップ

ペーパー芯で筒状の型をとります。V字に入れた切りこみがポイント！

材料　•折り紙

道具　•トイレットペーパー芯　•のり　•はさみ

作り方

1　利用者　ペーパー芯に折り紙を巻いて筒状に丸める。根元をねじったら、ペーパー芯をぬく。

2　利用者　1の先を4か所V字に切りとる。

◆ 花に合わせて、茎も細め（4.5cm）に作りましょう。

切る　ふんわりチューリップ

端切れなど布選びにこだわると、ぐっと大人な印象に。

材料　•画用紙　•布（端切れ）

道具　•鉛筆　•のり　•はさみ

作り方

1　画用紙に花の形を描く。

2　利用者　1を布の裏に貼る。切って裏返す。

折り紙
チューリップ

立体
チューリップ

ふんわり
チューリップ

フレームの作り方はP.78

6月

梅雨のあじさい

丸める　包む　折る　切る

型紙
P.92

しとしとと雨が降るなか、
紫や青、ピンクのあじさいが
華やかに咲きます。

材料
- ティッシュペーパー
- お花紙
- 折り紙
- キラキラ折り紙
- ストロー
- 色画用紙

道具
- セロハンテープ
- はさみ
- ピンキングばさみ
- のり
- 両面テープ
- ペン

作り方

1 色画用紙であじさいの木を切る（台紙）。折り紙を小さい正方形に切る。

2 利用者 （あじさいの土台）ティッシュペーパーを丸めてお花紙で包む。

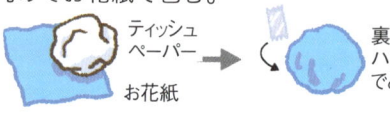

ティッシュペーパー
お花紙
裏をセロハンテープでとめる

利用者 （花びら）1の折り紙を4つに折り、絵のように切って折る。土台に貼る。

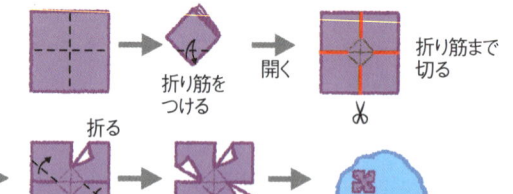

折り筋をつける
開く
折り筋まで切る
折る

ポイント 花びらは中心にのりをつけて、少し浮かすように貼ると立体感がでます。

3 あじさいを1の台紙に貼る。切ったストローやキラキラ折り紙を巻いた雨、雨粒を貼る。葉を飾る。

カラフルな傘

切る

押す

型紙
P.93

梅雨の時期を明るく彩る
水玉模様の傘。
開閉できる楽しい仕上がりに！

材料
- 紙皿（直径22cm）
- モール
- 曲がるストロー
- スズランテープ
- キラキラ折り紙

道具
- はさみ ・絵の具 ・タンポ ・目打ち
- セロハンテープ

作り方　　作り方 P.10

1 タンポを作る。

利用者 紙皿を3分の1に
切る。タンポに絵の具
をつけて押す。乾いた
ら3枚に切り分ける。

2 目打ちで穴を開け、モー
ルでまとめる。裏にス
トローを貼る。

3か所に
開ける

3 スズランテープやキラ
キラ折り紙の雨を飾る。

雨上がりの虹

大小のちぎり絵で作られた七色の虹が壁一面を鮮やかに飾ります。

ちぎる　貼る　切る

材料	・模造紙　・色画用紙 ・折り紙　・画用紙

道具	・鉛筆　・ピンキングばさみ ・はさみ　・ペン ・のり

型紙 P.93

作り方

1 模造紙に虹の枠を、色画用紙に丸を描く。
利用者（虹）七色の折り紙をちぎり、虹の枠に貼る。

2 **利用者**（花）あじさいの切り紙を作る。1の色画用紙を丸く切り、花を貼る。

折る → 切る → 開く

3 色画用紙の葉や雨粒、カタツムリを飾る。しわをつけた画用紙の雲を貼る。

43

7月

朝顔

型紙 P.94

塗る **貼る**

にじんだ絵の具が涼しげな朝顔。
大輪の花が夏の訪れを告げます。

材料	•障子紙 •画用紙 •色画用紙
道具	•はさみ •絵の具 •筆 •霧吹き •のり •クレヨン

作り方

1 障子紙を丸く切る。画用紙を星形に切る。

2 <mark>利用者</mark> 丸の縁沿いや放射状に、絵の具を塗る。乾いたら、星形の画用紙を貼る。

ポイント
• 障子紙は絵の具を塗る前に、霧吹きで濡らしておくと、にじみがきれいにでます。
• 絵の具は水をたっぷり加えたものを用意します。

3 色画用紙にクレヨンで描いたつぼみや葉を飾る。

七夕の夜

型紙 P.94

貼る　書く

天の川や笹の雰囲気が
七夕のムードを盛り上げます。
どうか願いが叶いますように。

材料	•厚紙　•マスキングテープ　•折り紙 •色画用紙　•ひも　　　　　•園芸ネット

道具	•はさみ　•のり　•筆ペン　•ペン •セロハンテープ　•粘着テープ

作り方

1 利用者（短冊飾り）型紙に合わせて切った厚紙に、マスキングテープをすき間なく貼る。
利用者（短冊）色画用紙に願い事などを書く。**1**と貼り合わせ、ひもをつける。

2 利用者 細長く切った折り紙で輪つなぎを作る。

3 園芸ネットに輪つなぎと短冊をからめて貼り、色画用紙の笹を飾る。月と織姫、彦星、星を飾る。

ポイント　園芸ネットの貼り方
ネットは両端を広げて粘着テープで固定する。

短冊や輪つなぎの貼り方
ネットにからめるように貼ったら、貼った部分を隠すように笹を上から重ねる。

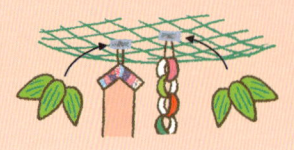

早く病気が治りますように

七夕

天の川

美味しいものを
食べに
いきたい！

健康第一

家族が元気に
過ごせますように

麦わら帽子

ちぎる　貼る　型紙 P.95

砂浜に置かれた
麦わら帽子で夏の気分を
たっぷり味わいましょう。

材料
- 折り紙
- 模造紙（色画用紙）
- リボン
- スズランテープ
- キラキラ折り紙

道具
- セロハンテープ
- はさみ
- のり
- ペン

作り方

1 折り紙を4分の1の正方形に切る。模造紙（または色画用紙）を麦わら帽子の形に切る（台紙）。

2 利用者 1の折り紙を2種類ちぎる。台紙のつばと中央にそれぞれ貼る。

Ⓐつばの部分
└ セロハンテープ

ポイント セロハンテープを絵のように貼ると（ⒶⒷ）ちぎりやすくなります。

Ⓑ帽子の中央部分
└ セロハンテープ

3 リボンを貼る。スズランテープや色画用紙で海辺や貝を作り、飾る。

48

夏野菜

塗る

切る

とれたての夏野菜が
勢ぞろい！
新鮮なままザルに入れて
お届けします。

型紙
P.96

材料	• 色画用紙　• コピー用紙
	• 模造紙　• 発泡スチレンボード

道具	• はさみ　• のり　• 色鉛筆
	• 両面テープ　• ペン

作り方

1 丸く切ったザル（台紙）に、細長く切った色画用紙を格子
状に貼る。縁に色画用紙をねじって貼る。

2 利用者 夏野菜の塗り絵をする。枠に沿って切る。

3 模造紙の背景の上に**1**を貼り、夏野菜を飾る。色画用
紙の動物や草を貼る。

ポイント 塗り絵のコピー用紙に、
小さく切った発泡スチ
レンボードを貼ると、浮
き出るように貼れます。

8月

打ち上げ花火

丸める / ねじる / 型紙 P.97

夜空にパッと開いた打ち上げ花火。
キラキラと輝く夏の風物詩です。

材料
- 色画用紙
- キラキラ折り紙
- アルミホイル
- 丸シール

道具
- はさみ
- 木工用接着剤
- のり
- 型抜きパンチ
- 色鉛筆

作り方

1 色画用紙を丸く切る（台紙）。キラキラ折り紙を細長く切る。

2 利用者 キラキラ折り紙やアルミホイルを丸めたり、ねじったりする。1の台紙に貼り、丸シールで飾る。

ポイント 最初に円の中心を貼っておくと、細長くしたアルミホイルなどが放射状に貼りやすくなります。

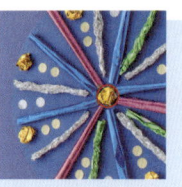

3 色画用紙の街並の上に2の花火を貼る。星形に抜いたキラキラ折り紙を飾る。色鉛筆で打ち上がる線を描く。

スイカ畑

折る **貼る** **切る**

人気のスイカがたくさん実りました。カットスイカも添えて夏らしく！

型紙 P.98

材料	• 色画用紙 • 紙テープ • 丸シール • 綿ロープ
道具	• はさみ • 両面テープ • のり

型紙 P.98

作り方

1 色画用紙を丸く切り、両面テープを縦に3、4本貼る。赤・白・緑の色画用紙をカットスイカの形に切る。

2 利用者（丸いスイカ）1の両面テープの上に、紙テープをジグザグに折りながら貼る。はみ出した部分を切る。

利用者（カットスイカ）色画用紙を重ねて貼る。丸シールを8等分した種を貼る。

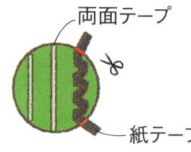

両面テープ
紙テープ
スイカの種

3 スイカの間に、綿ロープのつると、色画用紙の葉や花を飾る。

軒先の風鈴

折る
染める

風に揺れる風鈴からは、
今にも涼しげな音が
聞こえてきそうです。

型紙
P.98

材料	• コーヒーフィルター	• 綿
	• 色画用紙 • ひも	• モール
	• 丸シール	

道具	• 絵の具	• はさみ
	• セロハンテープ	• すだれ

作り方

1 利用者 コーヒーフィルターを折る。角に絵の具をひたす。

折る

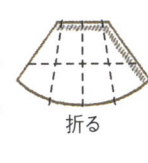

2 開いて乾かす。
利用者 中に綿をつめて膨らみをもたせる。裏にひもと色画用紙をつける。

3 すだれに**2**を貼り、丸シールで飾る。色画用紙のへちまや葉、花、モールのつるを飾る。

ヒマワリ

青い空とまぶしい太陽にぴったりな
大輪の花が壁面を鮮やかに飾ります。

◆ 共通の葉は、色画用紙で作ります。

ぐるぐるヒマワリ

ねじる **貼る**

ねじったお花紙をぐるぐる巻いて
かわいいヒマワリの完成！

材料	•お花紙　•紙皿（直径9cm）　•色画用紙
道具	•のり　•はさみ

作り方

1 利用者　お花紙を細長く
ねじる。紙皿の縁から
中心へと巻いて貼る。

2 利用者　切っておいた色
画用紙の花びらを、1の
裏に貼る。

ボンテンヒマワリ

貼る **切る**

中心のボンテンと切りこみを入れた
立体花びらが特長的です。

材料	•ボンテン　•色画用紙
道具	•木工用接着剤　•はさみ　•のり

作り方

1 利用者　丸く切った色画用
紙にボンテンを貼る。

2 利用者　切っておいた色
用紙の花びらに切りこみを
入れる。立ち上げるように起
こしながら、1の裏に貼る。

色画用紙に
切りこみを入れる

ボンテン

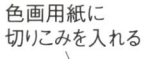
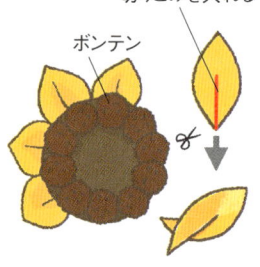

ストローヒマワリ

丸める **貼る**

筒状の細長い折り紙を交差させます。
茶色い紙ストローでも代用可。

材料	•折り紙（または紙ストロー）　•色画用紙
道具	•はさみ　•のり

作り方

1 利用者　折り紙を筒状に丸
める。6本作り、色画用
紙に交差させながら貼る。

2 利用者　切っておいた色画
用紙の花びらを1の裏に
貼る。

色画用紙

ぐるぐるヒマワリ

ボンテンヒマワリ

ストローヒマワリ

フレームの作り方はP.78

ききょうとお月見

押す
描く
丸める
型紙
P.100

お月見を幻想的に彩るききょうの
吊るし飾り。手を伸ばしたくなる
お団子にも注目です。

材料
- 画用紙
- キラキラリボン
- 色画用紙
- 軽量紙粘土

道具
- カッター
- はさみ
- タンポ
- 絵の具
- 綿棒
- のり
- 両面テープ

作り方　　作り方 P.10

1 **タンポを作る。**画用紙をききょうの形に切り抜いてステンシル型を作る。色画用紙を星形に切る。

2 利用者（ききょう）別の画用紙の上に**1**の型をのせ、絵の具をつけたタンポを押して型を外す。乾いたら、ききょうの形に切る。綿棒に絵の具をつけて花芯を描く。

ポイント タンポにつける絵の具は濃いめに溶くと、ガーゼの目が出やすくなります。

利用者（お団子）軽量紙粘土を丸めて少しつぶす。

3 背景を貼り、リボンに**2**のききょうと**1**の星を貼って吊るす。お団子を並べて貼る。色画用紙の満月や三方、ススキを飾る。

満開のコスモス

ピンクの絨毯のように一面に咲いたコスモス。
赤トンボに秋の気配を感じます。

折る　**切る**　**丸める**　**型紙 P.101**

材料	• お花紙　• 折り紙　• 色画用紙
道具	• はさみ　• のり　• ピンキングばさみ • ペン

作り方

1　（花芯）お花紙を3等分に切る。

2　**利用者** 折り紙でコスモスの切り紙を作る。**1**を丸めて、中心に貼る。サイズ違いも作る。

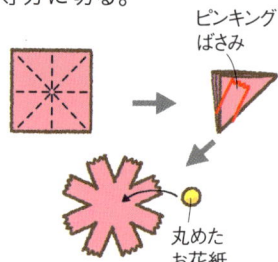

ピンキングばさみ

丸めたお花紙

3　背景を貼り、**2**のコスモスや色画用紙のトンボ、木を飾る。しわをつけた折り紙の雲を貼る。

実ったぶどう

シャインマスカットや
巨峰など、人気のぶどうが
立派な実をつけました。

丸める　貼る　折る　**型紙 P.101**

材料
- 色画用紙　・折り紙
- モール　・ひも　・紙ひも

道具
- はさみ　・のり
- セロハンテープ

作り方

1 2.5cm幅に切った色画用紙に、折り筋を3か所つける（台紙）。折り紙を短冊状に切る。

2 利用者　1の折り紙で輪を作り、台紙に貼る。折り筋に合わせて三角形に折る。

3 2のぶどうにひもをつけ、紙ひもに通し吊るす。色画用紙の葉やモールのつるで飾る。

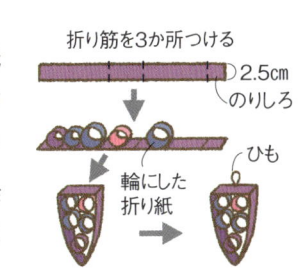

折り筋を3か所つける
2.5cm
のりしろ
輪にした折り紙
ひも

ポイント 輪が多く作れたら、台紙の外側にも貼るとボリュームが増して華やかです。

栗の収穫

折る　切る　貼る

コロンとした形がかわいい栗。
イガに気をつけながら、
かごいっぱいに穫れました。

型紙
P.102

材料
- 色画用紙　・毛糸　・クラフト紙
- リボン

道具
- はさみ　　　　・ピンキングばさみ
- セロハンテープ　・のり
- ペン　　　　　・木工用接着剤

作り方

1 利用者（栗）色画用紙を4枚重ねて半分に折り、栗の形に切る。ペンで模様を描く。セロハンテープで貼り合わせて、均等に広げる。

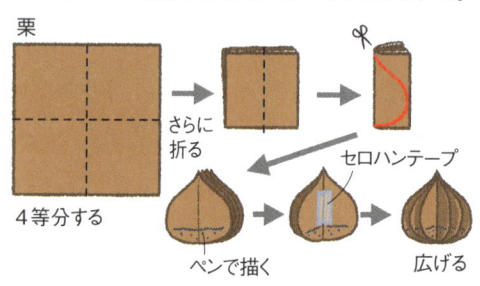

栗

4等分する　さらに折る　ペンで描く　セロハンテープ　広げる

2 （イガ）色画用紙をピンキングばさみで丸く切る（台紙）。
利用者　毛糸を短く切り、のりを塗った台紙に軽く手で押しながら貼る。

3 1、2を貼る。細長く切ったクラフト紙をねじり、かごの形に整えながら膨らみをもたせて貼る。リボンや葉を飾る。

ポイント 壁だけでなく、机の上に落ち葉や栗を並べると、思わず触りたくなる立体的な作品に！

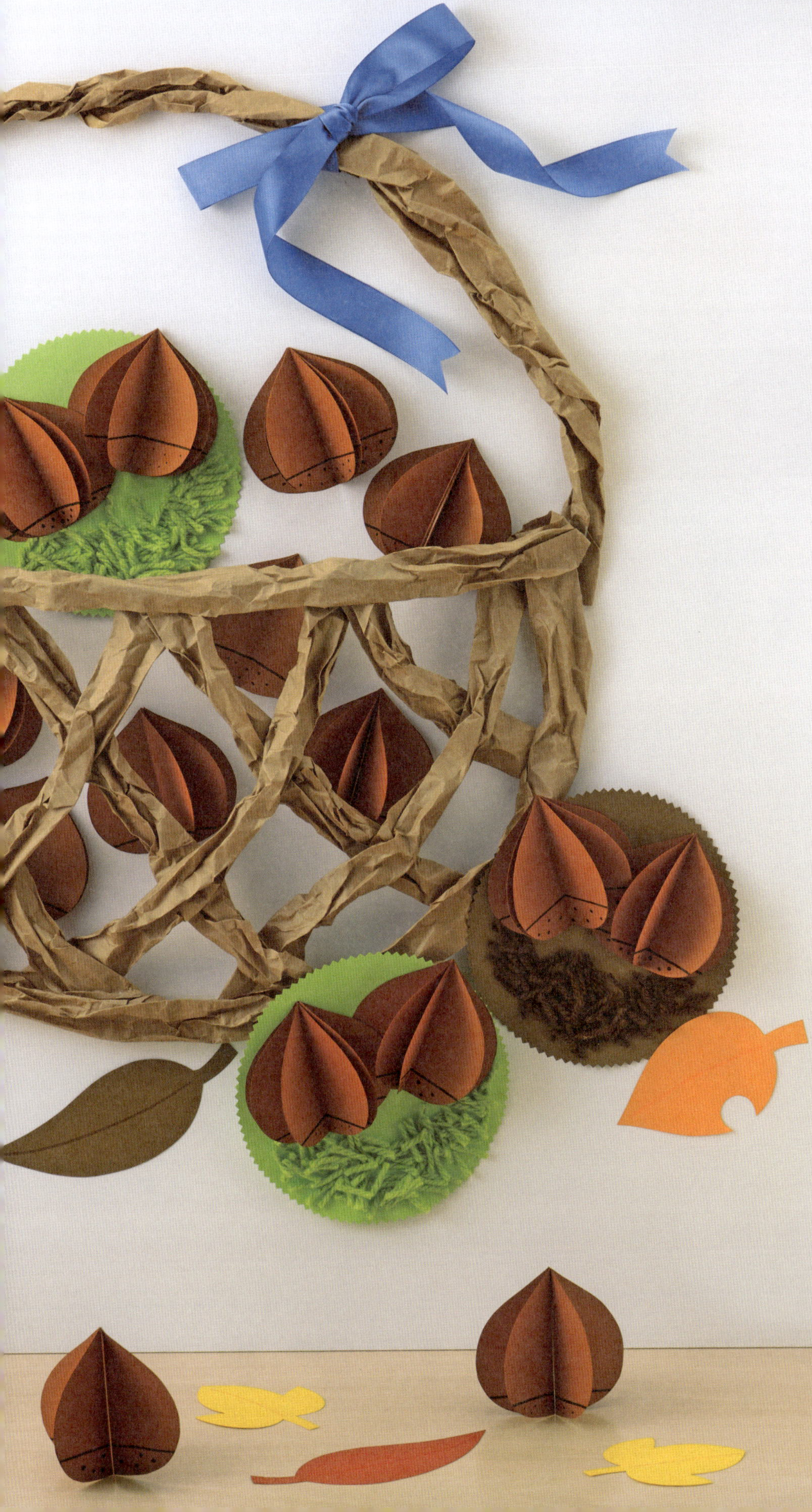

稲刈り

黄金色に実った稲穂が風に揺れています。
さあ、稲刈りの始まりです。

材料 • お花紙 • 折り紙 • 色画用紙
• 発泡スチレンボード

道具 • セロハンテープ • はさみ • のり • ペン

10月

作り方

1 お花紙を3等分に切る。折り紙を細長く切る。

2 **利用者** **1**のお花紙をねじる。3本できたらまとめて、**1**の折り紙で筒状に丸める。

3 背景の色画用紙や草むらを貼る。

ポイント

稲穂の周りの草むらを表す色画用紙は、先をペンなどに巻いてカールさせると風になびく様子が出ます。

2の稲穂を貼り、色画用紙で作ったかかしやスズメの体を貼る。ペンで描いた顔の部分は、裏に発泡スチレンボードを貼り、浮かせるように飾る。しわをつけた色画用紙の雲を貼る。

トンボ

折る **切る**

ちぎる

夕暮れの空を飛ぶトンボ。
透け感のあるリボンの羽根が
うろこ雲に映えます。

型紙
P.104

材料	• 色画用紙	• 丸シール
	• リボン	• 画用紙
	（オーガンジーなど）	

道具	• はさみ	• のり
	• ホチキス	• ピンキングばさみ
	• 両面テープ	

作り方

1 色画用紙をトンボの体の形に切る。リボンを2本ずつ切る。

2 利用者 1の色画用紙を折る。角を2か所切る。リボンを交差させてホチキスでとめる。目に丸シールを貼る。

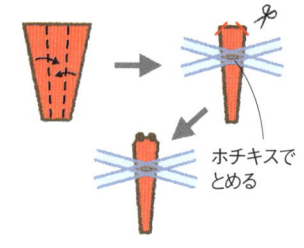

ホチキスでとめる

3 利用者 画用紙や色画用紙をちぎり、うろこ雲を作る。色画用紙のコスモスや背景を飾り、トンボを貼る。

64

ハロウィン

折る

切る

じゃばら折りしたコウモリと
カボチャが賑やかな
ハロウィンパーティーです。

型紙
P.104

材料
- 折り紙
- 丸シール
- 色画用紙

道具
- はさみ
- のり
- ペン

作り方

1 色画用紙をコウモリの体、カボチャのへたの形に切る。

2 <mark>利用者</mark>（コウモリ）折り紙を右のように折る。2つ作り、1の体の両脇につける。丸シールで顔を作る。
（カボチャ）折り紙を折って、切り取る。広げたら黒の折り紙に貼る。

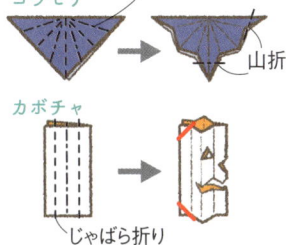

コウモリ　じゃばら折り　山折り

カボチャ　じゃばら折り

3 <mark>2のコウモリとカボチャを貼り、色画用紙の月に顔を描き、星、おばけを飾る。</mark>

11月

紅葉の季節

型紙 P.105

押す / 貼る

秋が深まる季節。赤、黄、緑と
きれいに色づいた葉が
見ごろを迎えます。

材料	•クラフト紙 •色画用紙

道具	•鉛筆 •はさみ •絵の具
	•スポンジ •のり •両面テープ

作り方

1 クラフト紙を葉の形に切る。色画用紙を木
の形に切る。

2 **利用者** スポンジに絵の具をつけて、**1**のク
ラフト紙にスタンプするように押す。乾い
たら木に貼る。

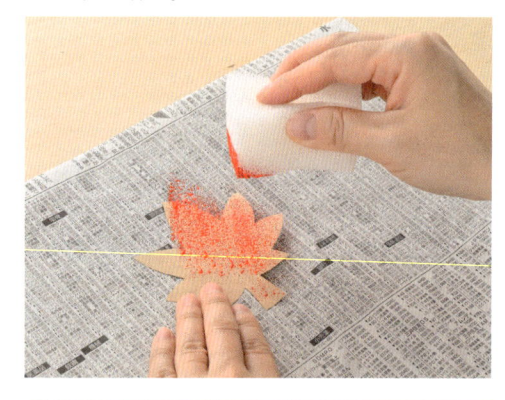

ポイント 絵の具は水を少なく、濃いめ
に溶くとスポンジに含みやす
く、きれいに色づけられます。

3 色画用紙の背景と**2**を貼る。残りの葉を周り
に散らす。鳥を飾る。

焼きいも

丸める　包む　ちぎる

たき火の中からアツアツの
焼きいも！　ほくほく笑顔が
広がります。

型紙
P.106

材料
- 厚紙
- 新聞紙
- 折り紙
- アルミホイル
- 色画用紙

道具
- はさみ
- セロハンテープ
- のり
- ペン

作り方

1 厚紙を焼きいもの形に切る（台紙）。

2 利用者　新聞紙を丸める。厚紙の上にのせて新聞紙で包み、裏でとめる。ちぎった折り紙やアルミホイルを貼る。

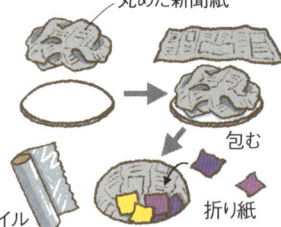

丸めた新聞紙

包む

アルミホイル

折り紙

3 色画用紙のたき火、クマ、イヌ、2のいもを貼る。落ち葉を飾る。

ポイント　紫や黄色の折り紙、アルミホイルなどでいろいろな焼きいもを表します。

きのこ狩り

押す　切る　貼る

スタンプの模様がカラフルな
きのこの森。こびとたちが
ひと休みしています。

型紙
P.107

材料
- 片段ボール板
- 色画用紙
- 輪ゴム
- モール
- スタンプ台（絵の具でも可）

道具
- はさみ
- セロハンテープ
- のり

作り方

1 色画用紙をきのこの形に
切る。片段ボール板を巻
いて輪ゴムでとめ、スタ
ンプを作る。

2 利用者 **1**のかさの部分
にスタンプを押す。乾
いたら、切りこみを入れ
て重ね、立体になるよう
に貼る。

3 色画用紙のこびと（手足
はモール）や草を飾る。

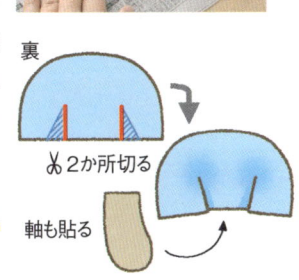

裏

✂2か所切る

軸も貼る

秋の花

型紙 P.108

菊

膨らみのある特徴的な花の形を表現。
素材を変えるとガラリと雰囲気が変わります。

◆ 共通の葉は、色画用紙で作ります。

押す / 切る — ジグザグ菊

段ボール板をスタンプします。スタンプの長さを変えると動きが出ます。

材料	•段ボール板　•画用紙
道具	•はさみ　•絵の具（またはスタンプ台）

作り方

1　さまざまな長さの段ボール板を用意。画用紙を丸く切る（台紙）。

2　**利用者** 段ボール板に絵の具をつけ、放射状に押す。乾いたら、切りこみを入れてランダムに丸く起こす。

丸める / 貼る — ヒラヒラ菊

紙テープがやわらかい雰囲気の菊。丸め方で難易度を調整して。

材料	•紙テープ　•色画用紙
道具	•はさみ　•のり

作り方

1　幅を半分に切った紙テープを、さまざまな長さに切る。色画用紙を丸く切る（台紙）。

2　**利用者** 紙テープを丸めて、長いものから1の台紙に貼る。

色画用紙

切る / 貼る — 紙コップ菊

紙コップが菊に変身！　花びらの先をカールさせるのがポイント。

材料	•紙コップ
道具	•はさみ　•木工用接着剤

作り方

Ⓐ　　　　3cm
Ⓑ

1　紙コップの飲み口から3cmを切り分ける。
　利用者 Ⓑは切りこみを入れて広げ、反り返るようカールさせる。

2　**利用者** Ⓐは短冊状に切り、1の中心に貼る。

ジグザグ菊

ヒラヒラ菊

紙コップ菊

フレームの作り方はP.78

クリスマス

思い思いの模様や柄を描きます。
赤・黄・緑のツリーで
クリスマスムード満点！

型紙
P.109

材料	・色画用紙　・毛糸　・キラキラ折り紙

道具	・鉛筆　・はさみ　・クレヨン ・セロハンテープ

作り方

1 利用者（ツリー）色画用紙を半分に折り、ツリーの形に切る。開いて好きな模様や柄を描く。

2 利用者（オーナメント）キラキラ折り紙を丸める。毛糸を貼る。

3 毛糸にツリーを貼る。間に、丸めたキラキラ折り紙の毛糸を結びつけて飾る。

雪の結晶

型紙 P.109

押す　貼る

六角形の色画用紙に描く
放射状の模様が印象的。
キラキラ素材や星をアクセントに！

材料
- 色画用紙
- 丸シール
- 綿棒
- キラキラモール
- キラキラ折り紙
- ひも

道具
- はさみ
- のり
- 型抜きパンチ
- 絵の具
- セロハンテープ

作り方

1 色画用紙を六角形に切る。中心に丸シール
を貼る。

ポイント 最初に丸シールを中心に貼ると、放射状の模様が描きやすくなります。

2 利用者　太さの異なる綿棒に絵の具をつけて
スタンプする。色画用紙を型抜きパンチで
星形に抜いて貼る。六角形の角にキラキラ
モールを裏で貼る。

3 六角形を吊るすようにひもでつなげて貼る。
丸く切ったキラキラ折り紙を飾る。

毛糸のリース

ねじる
巻く

毛糸のポンポンがカラフルな
リース。ぐるぐる巻くだけで
簡単なのも魅力です。

型紙
P.109

材料
- 障子紙
- 毛糸
- リボン
- 厚紙
- アルミホイル
- 色画用紙
- キラキラモール

道具
- はさみ
- 両面テープ
- 木工用接着剤

作り方

1 利用者 障子紙をねじる。輪にしてリースを作る。

2 利用者 毛糸をぐるぐる巻いて玉を作る。木工用接着剤で**1**のリースに貼る。結んだリボンを飾る。
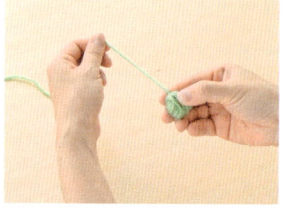

3 アルミホイルの星にリボンをつけて貼り、**2**を飾る。ねじったモールのキラキラ、色画用紙の星を散らす。

ポインセチア

雪景色に映えるポインセチア。
切り紙の重ね具合で
本格的な出来栄えに。

折る　**切る**　**貼る**　型紙 **P.110**

材料 • 折り紙　• 色画用紙
　　　• 丸シール　• キラキラ折り紙

道具 • はさみ　• 両面テープ　• のり

型紙 P.110

作り方

1 　**利用者** ポインセチアの切り紙をする（ⒶⒷⒸの3枚分）。

半分に折り
折り筋をつける → 反対も折り筋をつける → 交差した×に
合わせて折る →

○同士を合わせる → 後ろに折る → Ⓐの
切り方 → ⒷⒸの
切り方

2 　**利用者** 1の3枚を向きをずらして重ね、中心に丸シールを貼る。

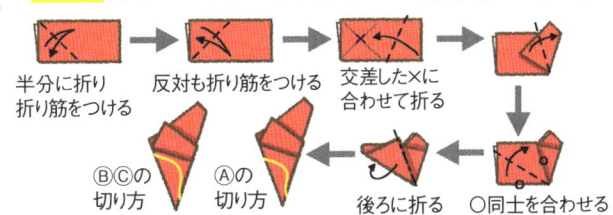

Ⓐ赤（小）
Ⓑ赤（大）
Ⓒ緑

3 色画用紙の教会や木、キラキラ折り紙の雪の結晶を飾る。

12月

フレーム

持ち帰りに便利な4種類のフレームをご紹介。季節の花（P.22、P.38、P.54、P.70）と組み合わせて！

ふわふわリース

紙皿に貼った毛糸がふんわりと
やさしい雰囲気。麻ひもやカラフルな毛糸を
使うと、印象が変わります。

材料	• 紙皿（直径22cm） • 毛糸	• リボン

道具	• カッター	• 木工用接着剤

作り方

1 紙皿の中心を切り抜き、全体に木工用接着剤を塗る。

2 毛糸をのせて貼る。上部に小さく切りこみを入れて、リボンを通して飾る。

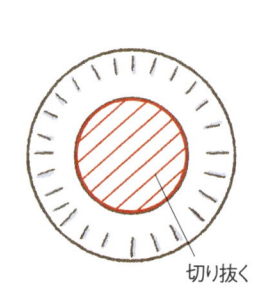

切り抜く

切りこみ

シックな格子

落ち着いた雰囲気の格子フレーム。
ところどころに貼ったビニールテープが
アクセントに！

材料	• 色画用紙 • ビニールテープ	• リボン

道具	• はさみ • のり • ホチキス • セロハンテープ	

作り方

1 25cm×9cmの色画用紙を三つ折りする。6本用意する。

2 格子型に組んでホチキスでとめる。針の位置にビニールテープを貼り、リボンをつける。

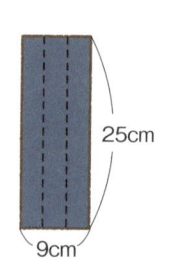

25cm

9cm

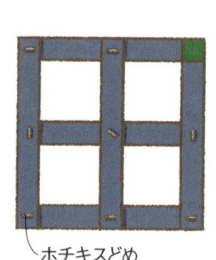

ホチキスどめ

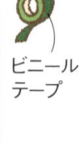

ビニールテープ

編みこみかご

編みこみ部分が涼しげな印象のかご。
色画用紙の代わりに紙バンドを使うと
切る手間が省けます。

材料	• クラフト色の紙皿 • 色画用紙（紙バンド） 1枚半（直径22cm） • 麻ひも
道具	• カッター • 木工用接着剤

作り方

1 紙皿を下のように切り抜く（**A**）。もう1枚の
  紙皿を半分に切る（**B**）。**B**に切りこみを入れ、
  1.5cm幅に切った色画用紙を3本差しこむ。

2 **A**と**B**を木工用接着剤で貼り合わせる。持ち
  手部分に麻ひもを巻く。

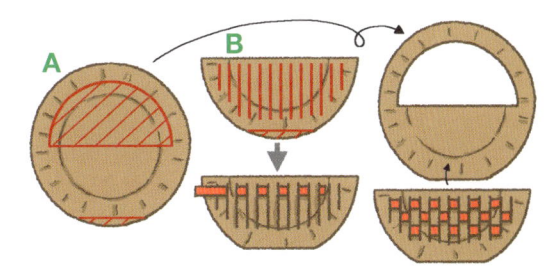

かんたん額縁

太めの段ボール板が
しっかりとして重みのある雰囲気に。
四隅に貼ったフェルトでかわいらしさアップ！

材料	• 段ボール板 （5cm×24cm）4本 • マスキングテープ	• フェルト • リボン
道具	• はさみ • 木工用接着剤 • セロハンテープ	

作り方

1 24cm×5cmの段ボール板4本を額の形に組ん
  で貼る。

2 マスキングテープで自由に飾り、四隅に三角
  に切ったフェルトを貼る。リボンをつける。

5cm
24cm

波型をこの向きにすると
折れにくくなります。

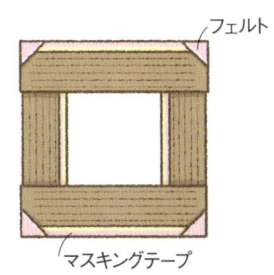

フェルト

マスキングテープ

型紙の使い方

次のページから、本書内（P.11〜79）の
作品の型紙を掲載します。
必要な大きさにコピーして活用してください。

P.28〜29の
「桜と小川」を
例に紹介！

1 必要な型紙を切り分ける

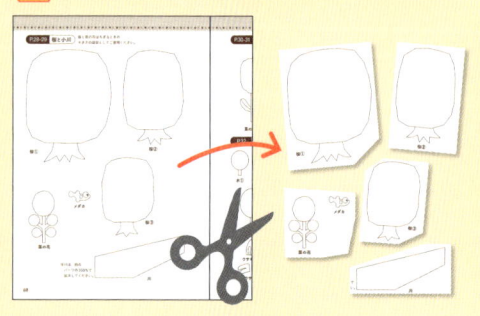

拡大したときに
コピー用紙に収
まるように、作
品の型紙をいく
つかに切り分け
ます。

> **Point** 1つの型紙が
> 大きすぎる場合
>
> さらに、複数の
> パーツに切り分
> けましょう。

2 型紙をコピーする

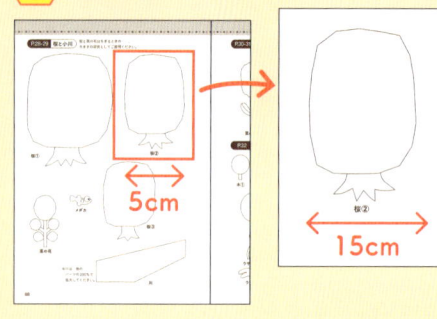

5cm

15cm

200〜400％拡
大が作りやすい
サイズです。例
えば、左右5cm
の型紙をコピー
機で300％拡大
すると、左右15cm
になります。

> **Point** のりしろのことも
> 考えておく
>
>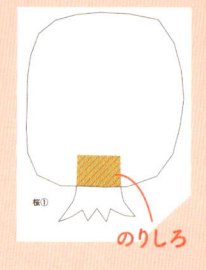
>
> 貼り合わせて
> 作るパーツの
> 下になる部分
> は、のりしろ
> が加わること
> を意識してお
> きます。
>
> のりしろ

注釈のあるものを除いて、1つの作品の型紙は、
同じ倍率で拡大するとバランスよく作れます。

作りたい実際のサイズ **15cm** ÷ 型紙ページのサイズ **5cm** ×100 = **300％で拡大する**

3 型紙を紙に写す

画用紙や色画用紙に型紙を重ね、芯を出さな
いシャープペンシルなどで強くなぞり、形を
写します。

> **Point** 左右対称の型紙の場合
>
>
>
> 半分に折った
> 紙に型紙を写
> しとると、よ
> り簡単です。

コピー用型紙集

※型紙は、必要に応じて反転コピーをしてください。
　同じ形で大小のサイズがある場合は、拡大・縮小コピーをしてください。

P.11 丸シールカレンダー

月

つばき　花芯　葉

1 2 3 4 5 6
7 8 9 10 11 12

月の数字

日 月 火 水 木 金 土

曜日

1	2	3	4	5	6	7	8	9
10	11	12	13	14	15	16	17	18
19	20	21	22	23	24	25	26	27
28	29	30	31					

日付の数字

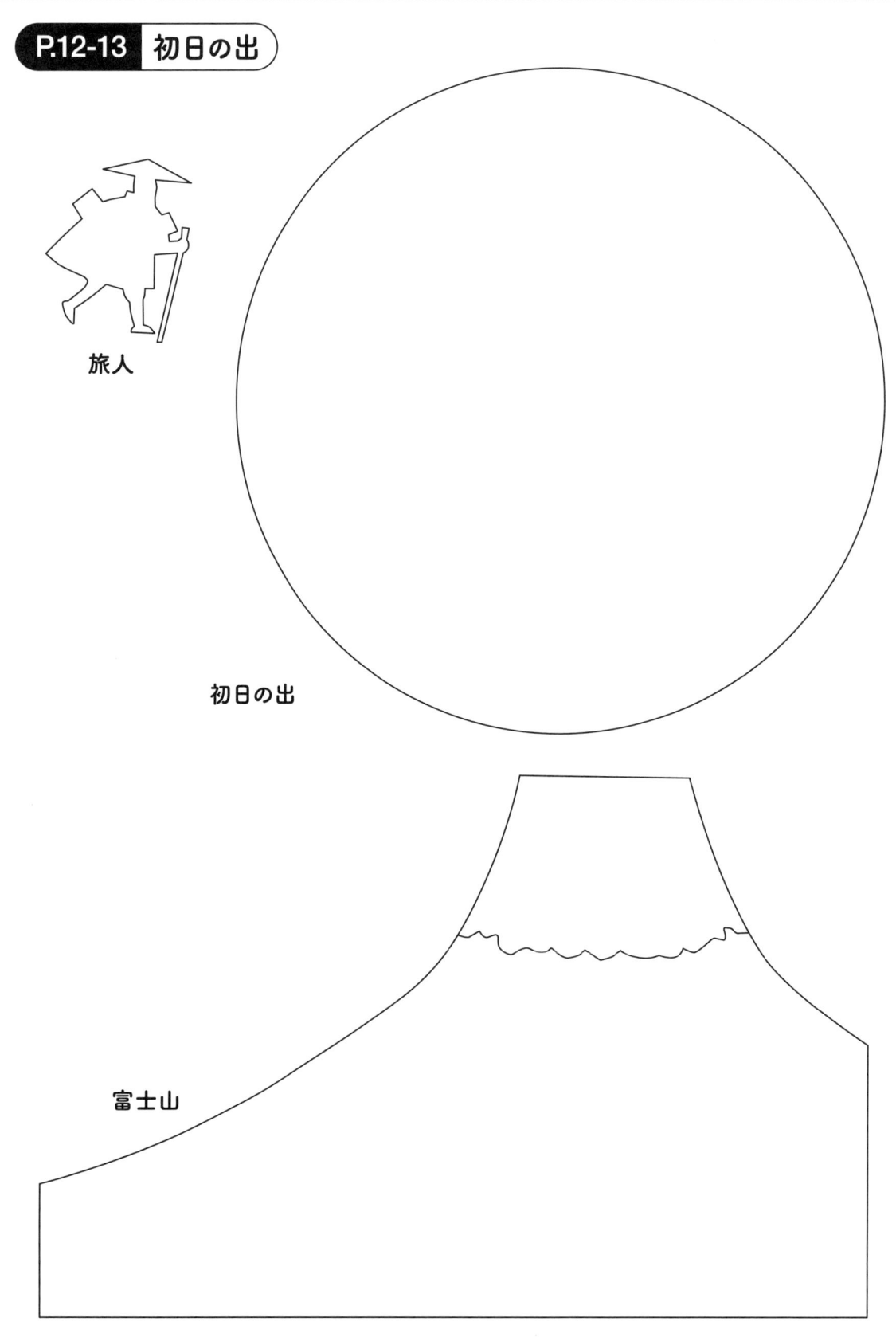

旅人

初日の出

富士山

※富士山は、他のパーツの200％で拡大してください。

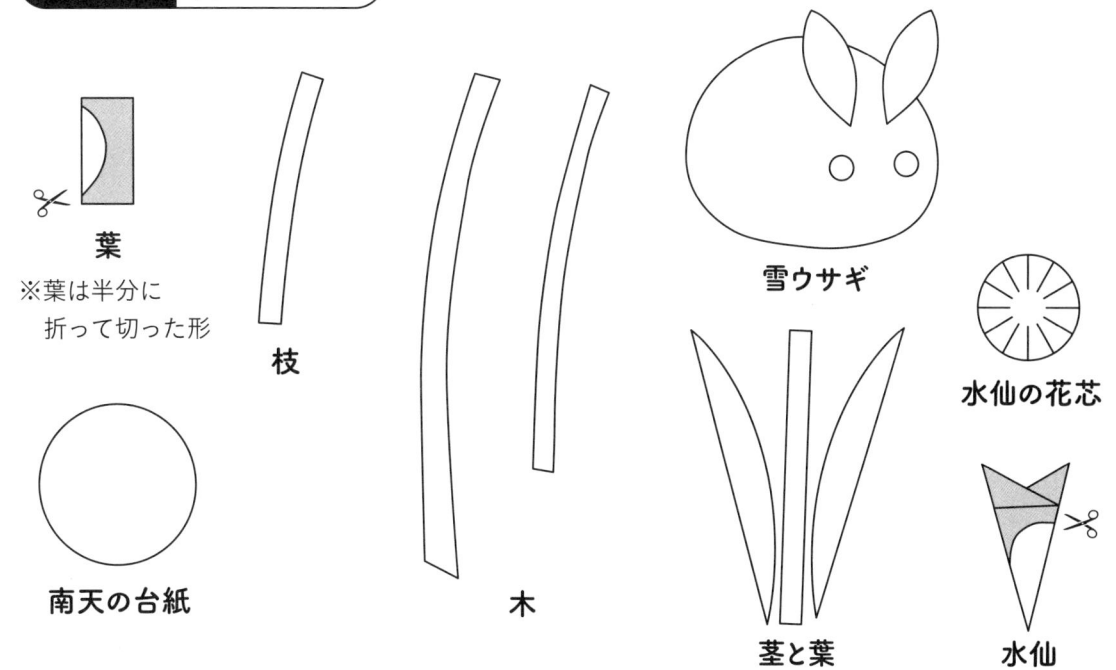

葉

※葉は半分に
　折って切った形

枝

雪ウサギ

水仙の花芯

南天の台紙

木

茎と葉

水仙

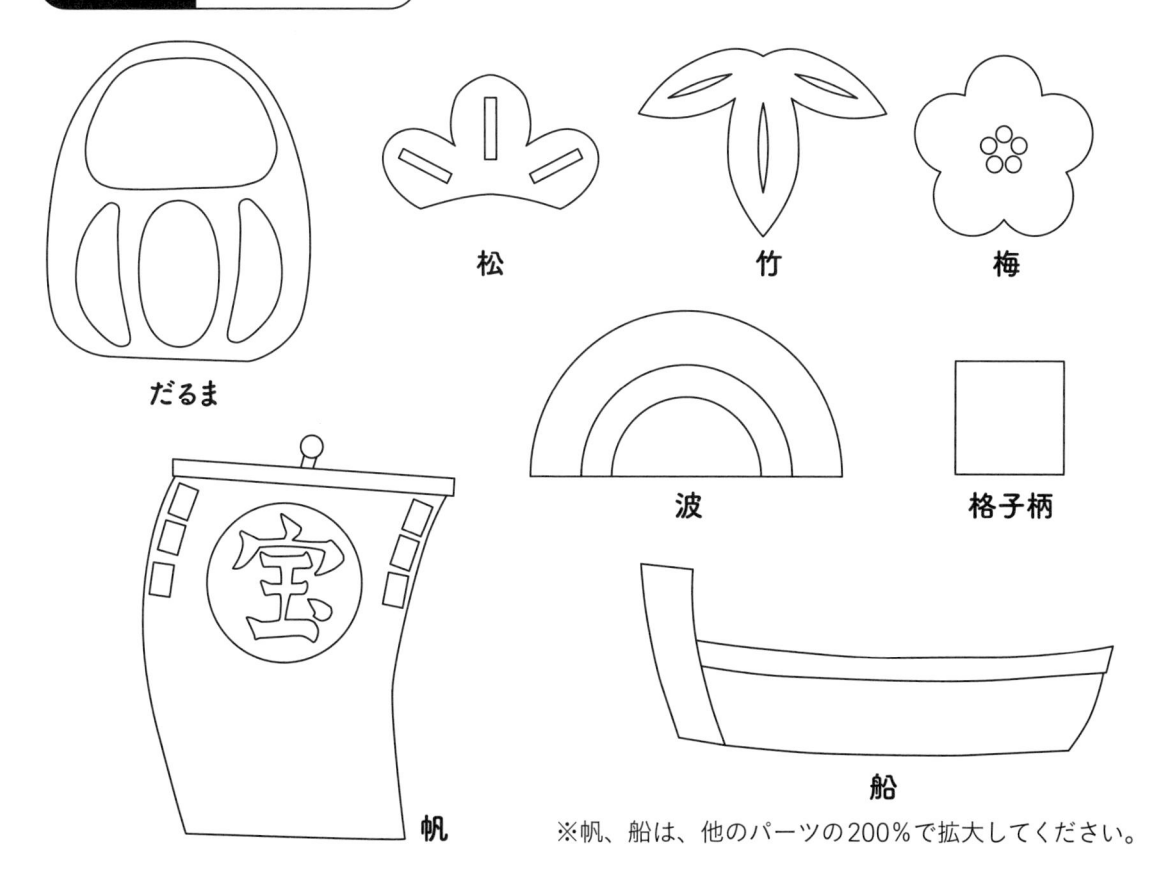

だるま

松

竹

梅

波

格子柄

帆

船

※帆、船は、他のパーツの200%で拡大してください。

83

P.17　羽子板

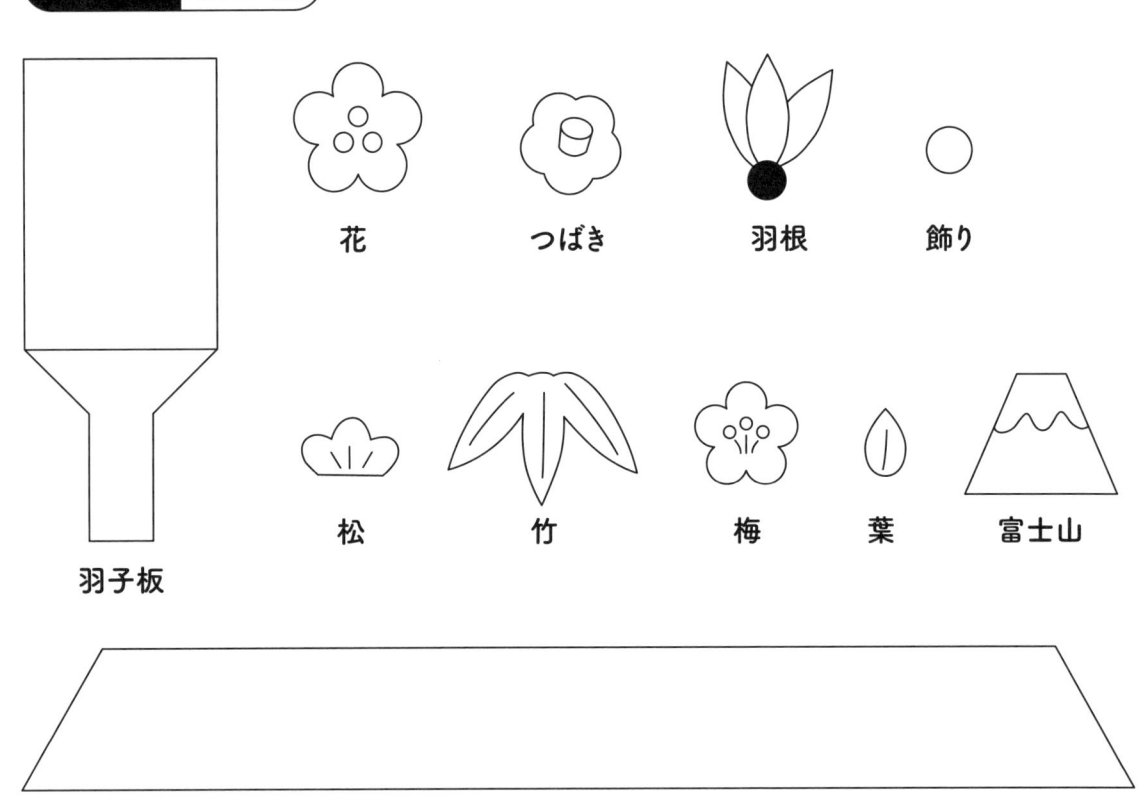

花　　　つばき　　　羽根　　　飾り

松　　　竹　　　梅　　　葉　　　富士山

羽子板

台

P.18-19　梅とうぐいす

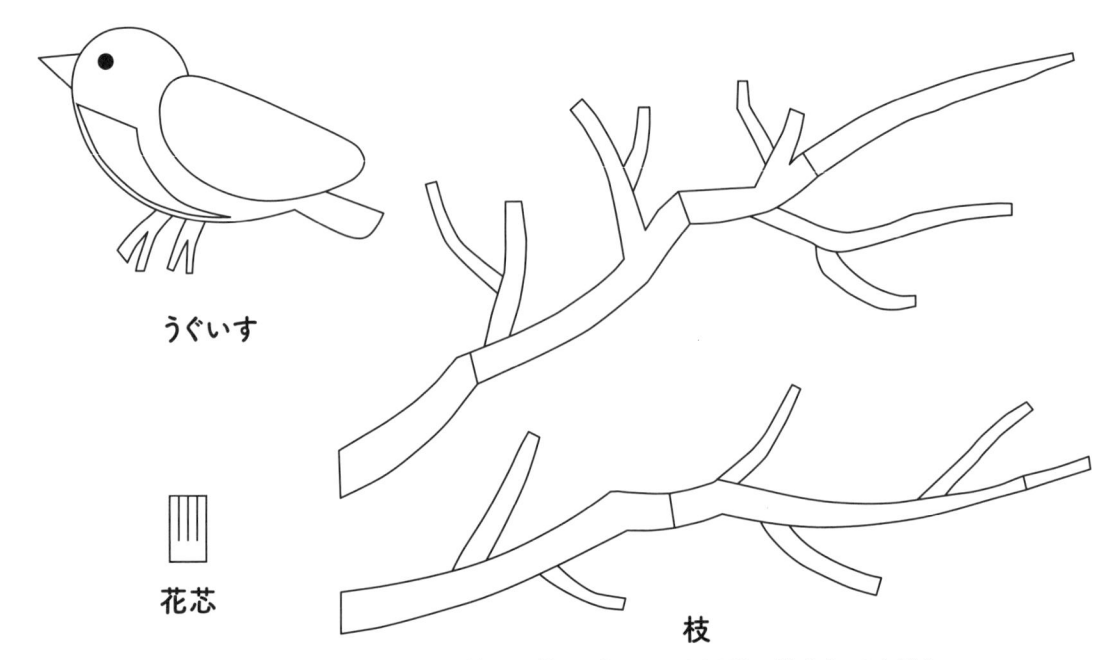

うぐいす

花芯

枝

※枝は、他のパーツの200％で拡大してください。

P.20 節分の鬼

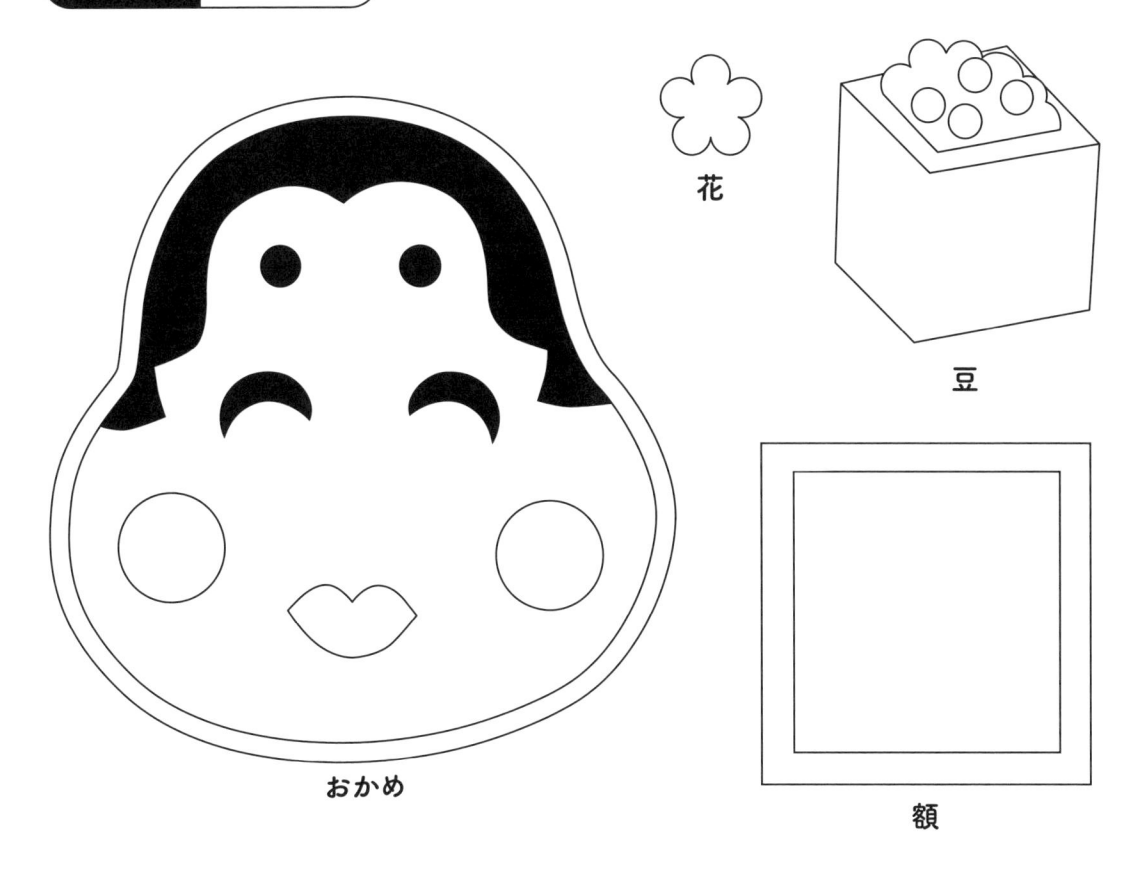

花

豆

おかめ

額

P.21 バレンタイン

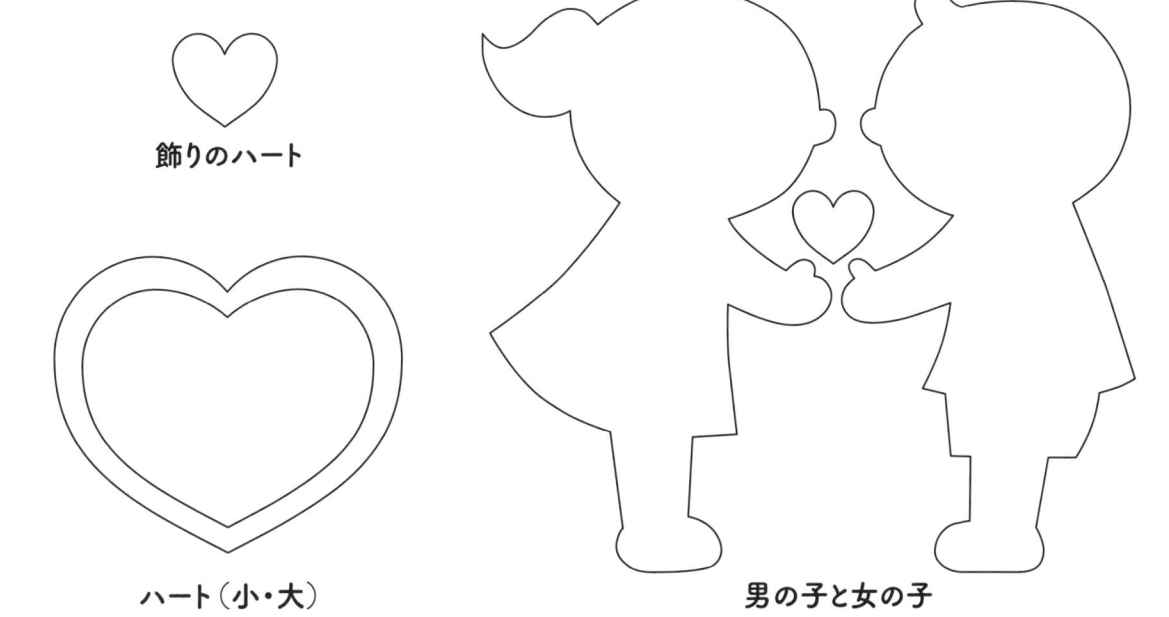

飾りのハート

ハート（小・大）

男の子と女の子

P.22-23 **タンポつばき** 葉はつばき共通です。

つばき

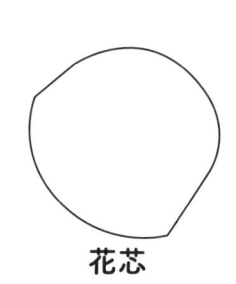

花芯

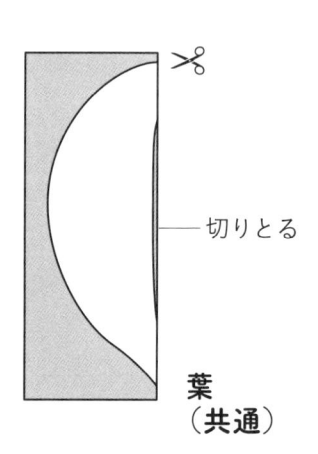

切りとる

葉
（共通）

P.22-23 **立体つばき**

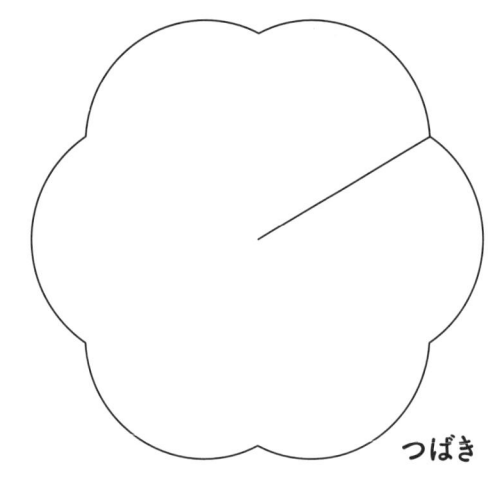

つばき

P.22-23 **切り紙つばき**

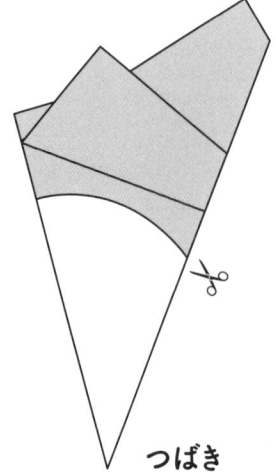

つばき

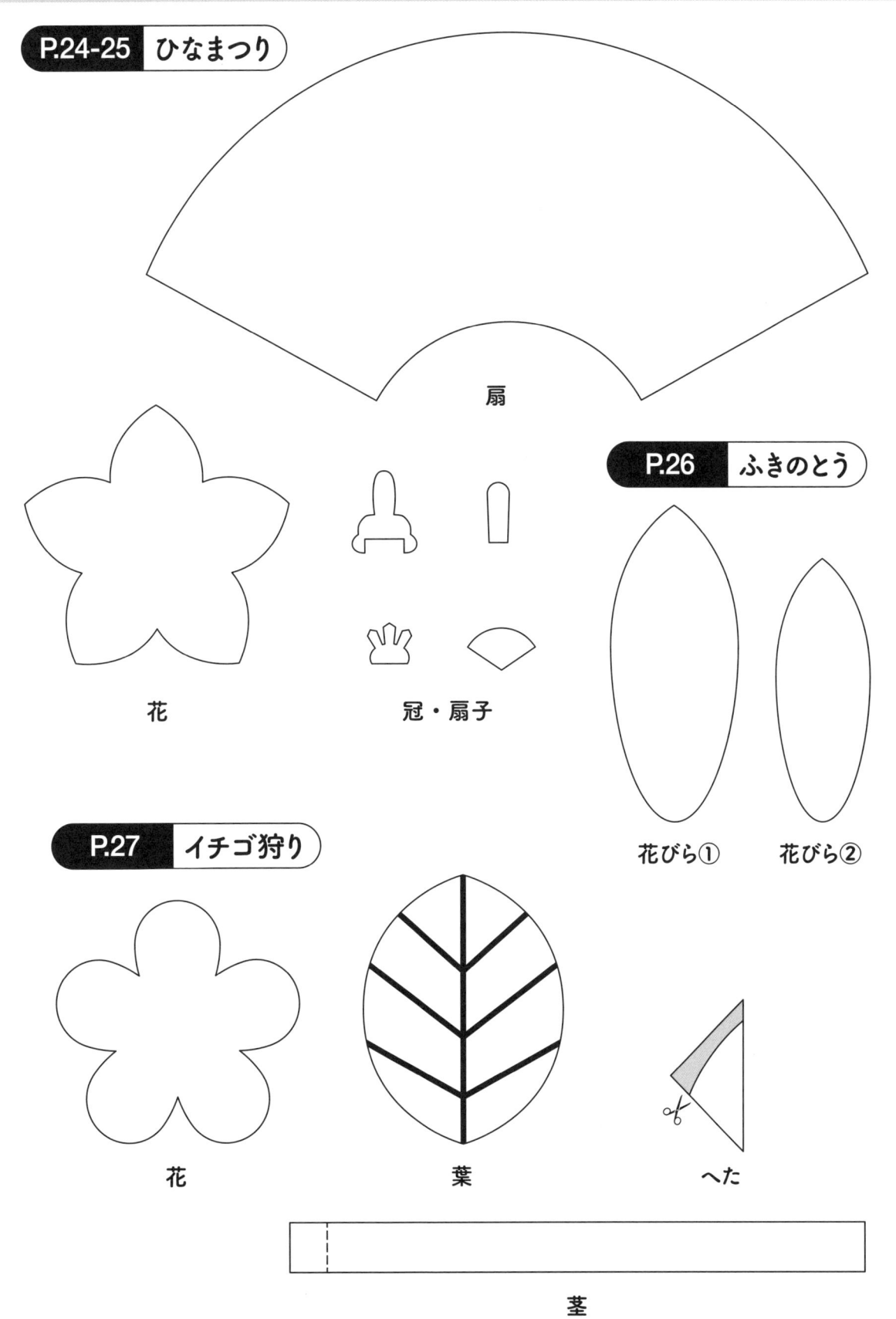

P.24-25　ひなまつり

扇

花

冠・扇子

P.26　ふきのとう

花びら①　　花びら②

P.27　イチゴ狩り

花

葉

へた

茎

P.28-29 桜と小川

桜と菜の花はちぎるときの
大きさの目安としてご使用ください。

桜①

桜②

メダカ

桜③

菜の花

※川は、他の
パーツの200％で
拡大してください。

川

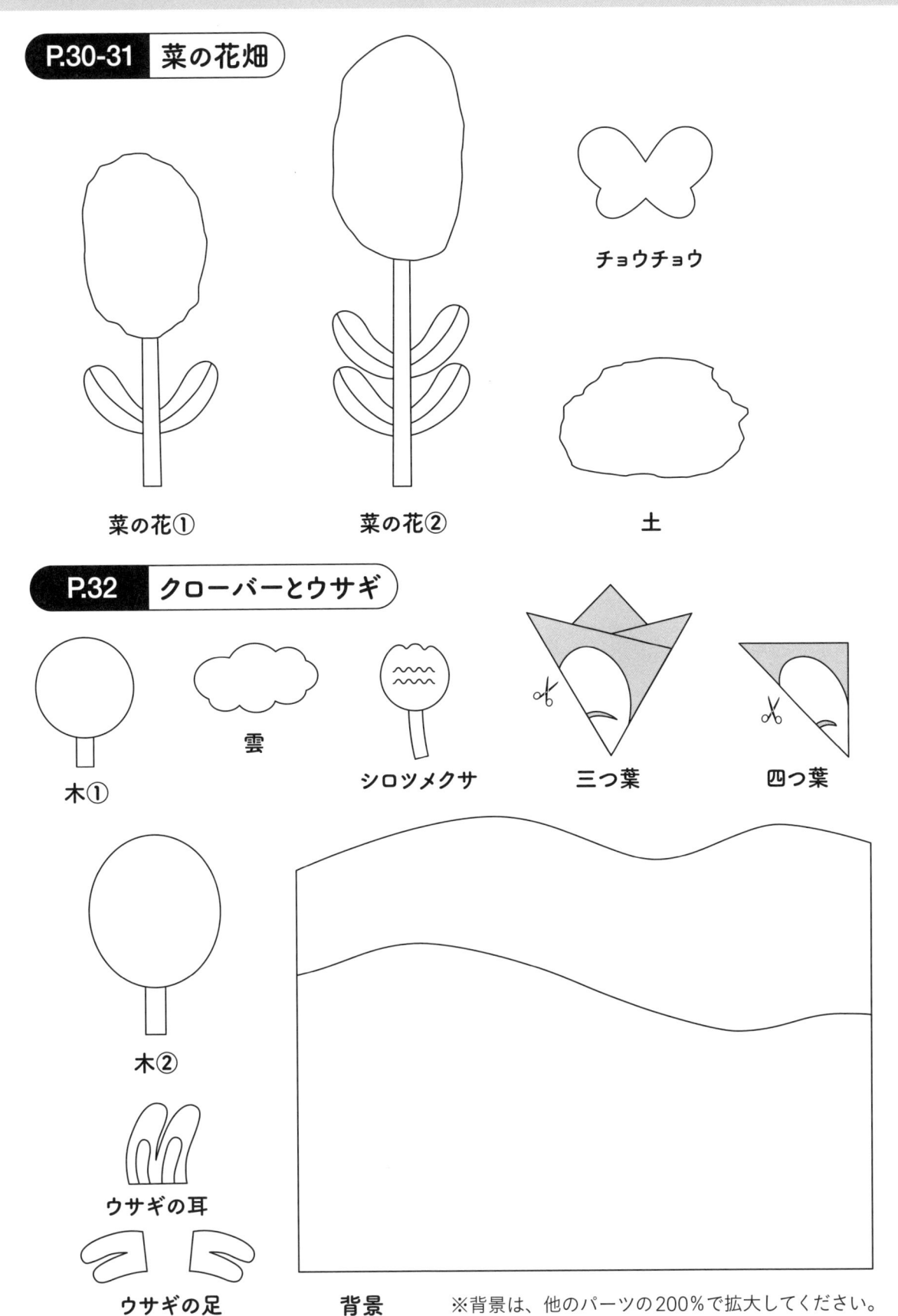

P.30-31 菜の花畑

チョウチョウ

菜の花① 菜の花② 土

P.32 クローバーとウサギ

木① 雲 シロツメクサ 三つ葉 四つ葉

木② 背景 ※背景は、他のパーツの200％で拡大してください。

ウサギの耳

ウサギの足

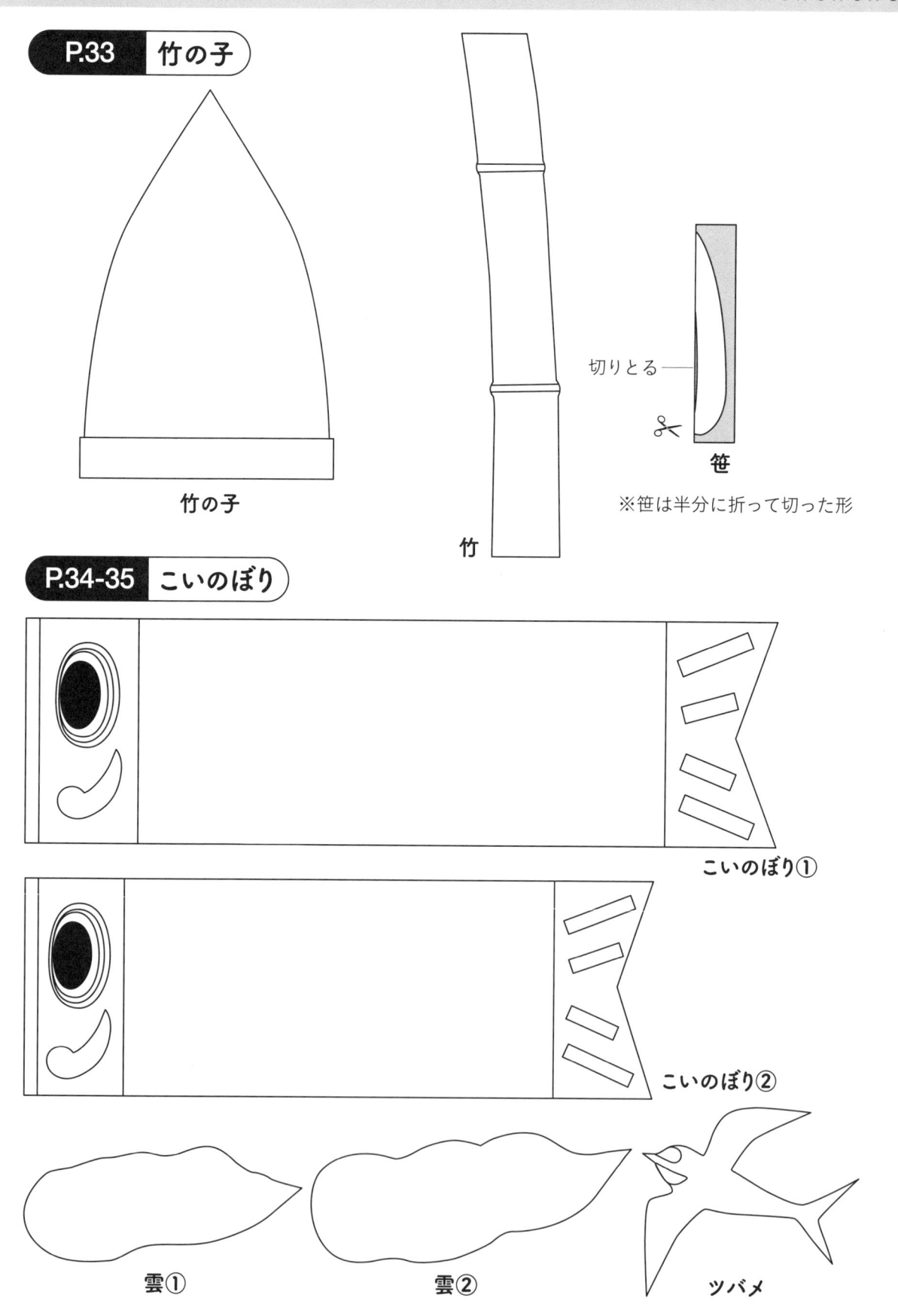

切りとる

笹

※笹は半分に折って切った形

竹の子

竹

こいのぼり①

こいのぼり②

雲① 雲② ツバメ

90

葉

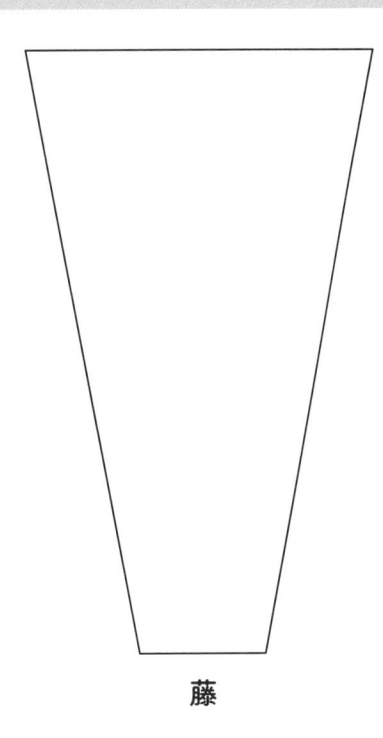

藤

P.37 **窓辺のバラ** 葉はピンキングばさみで切りましょう。

窓枠とネコ

音符①

音符②

音符③

音符④

葉

91

P.38-39 **ふんわりチューリップ** 葉はチューリップ共通です。

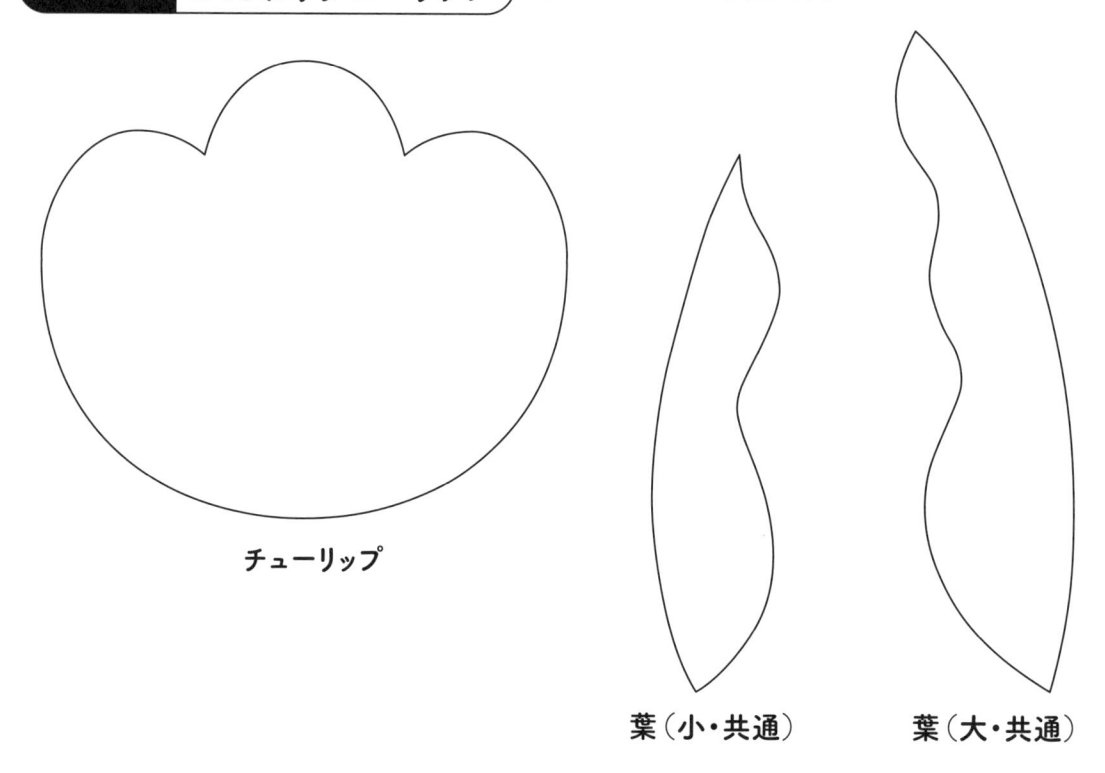

チューリップ

葉（小・共通）　　葉（大・共通）

P.40-41 **梅雨のあじさい** 葉はピンキングばさみで切りましょう。

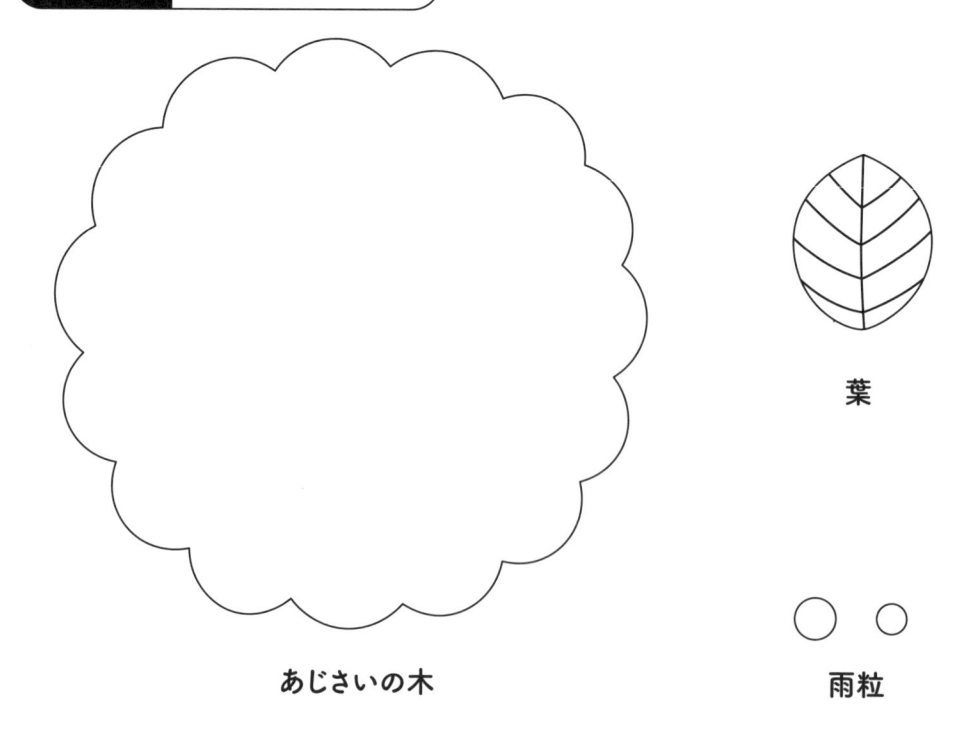

あじさいの木

葉

雨粒

P.42 カラフルな傘

しずく

P.43 雨上がりの虹

葉はピンキングばさみで切りましょう。

あじさい

虹

カタツムリ

しずく

葉

雲①

雲②

雲③

あじさいの花

93

朝顔

つぼみ

葉

※葉は半分に折って切った形

短冊飾り

短冊

笹の葉

笹の葉は3枚作って
貼り合わせます。

星

織姫・彦星

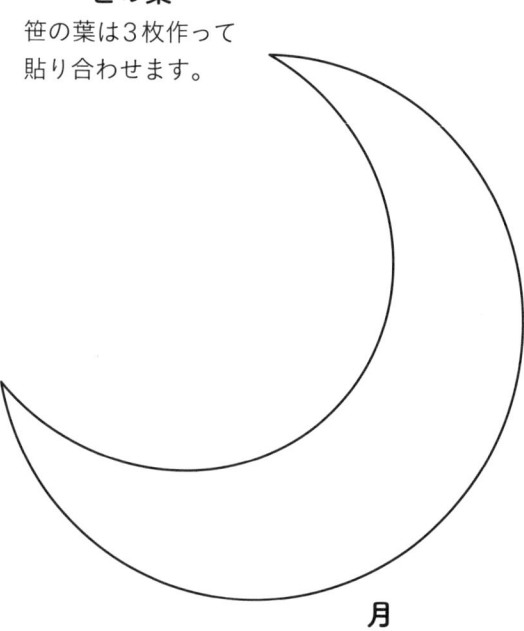

月

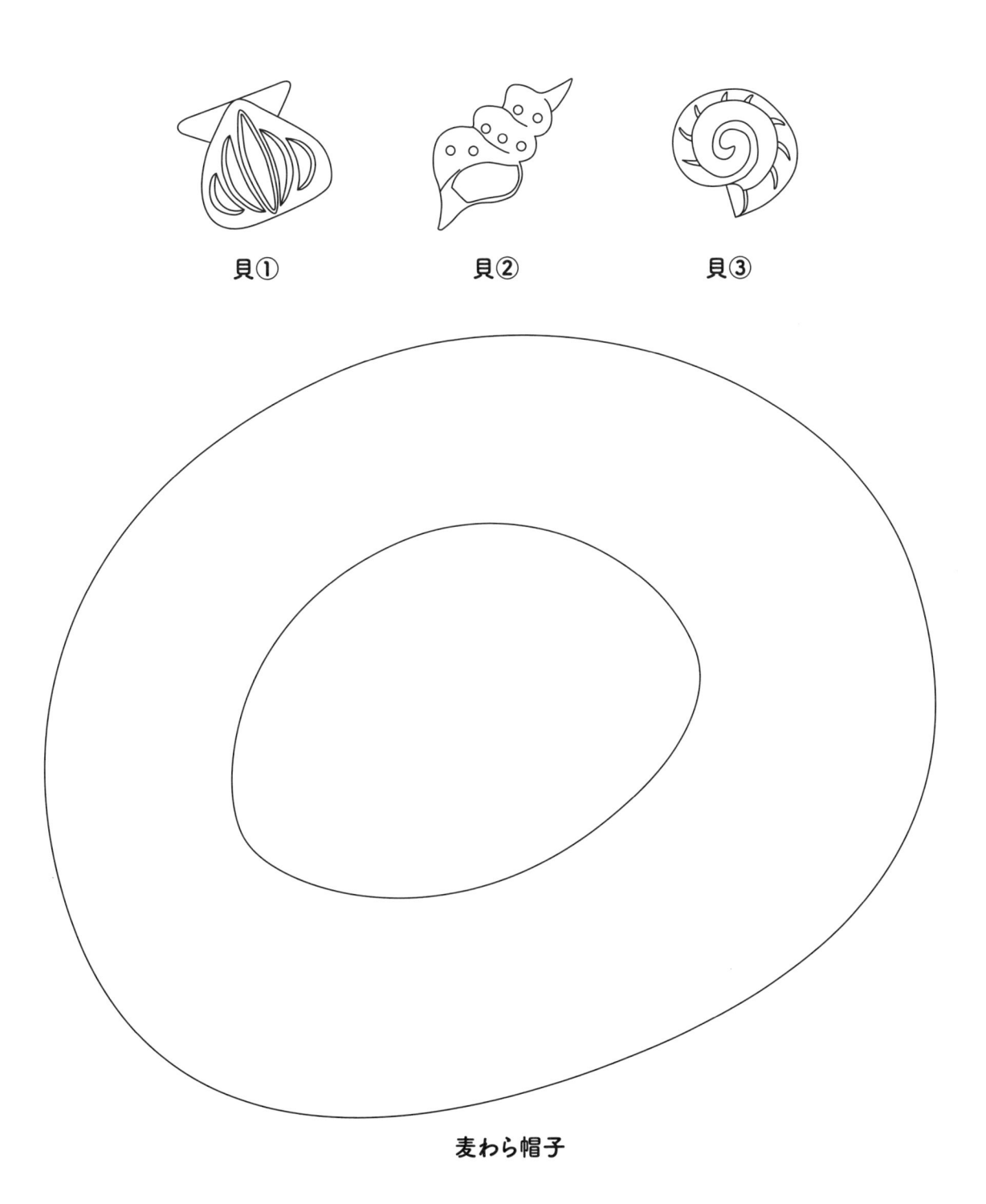

貝① 　　　　貝② 　　　　貝③

麦わら帽子

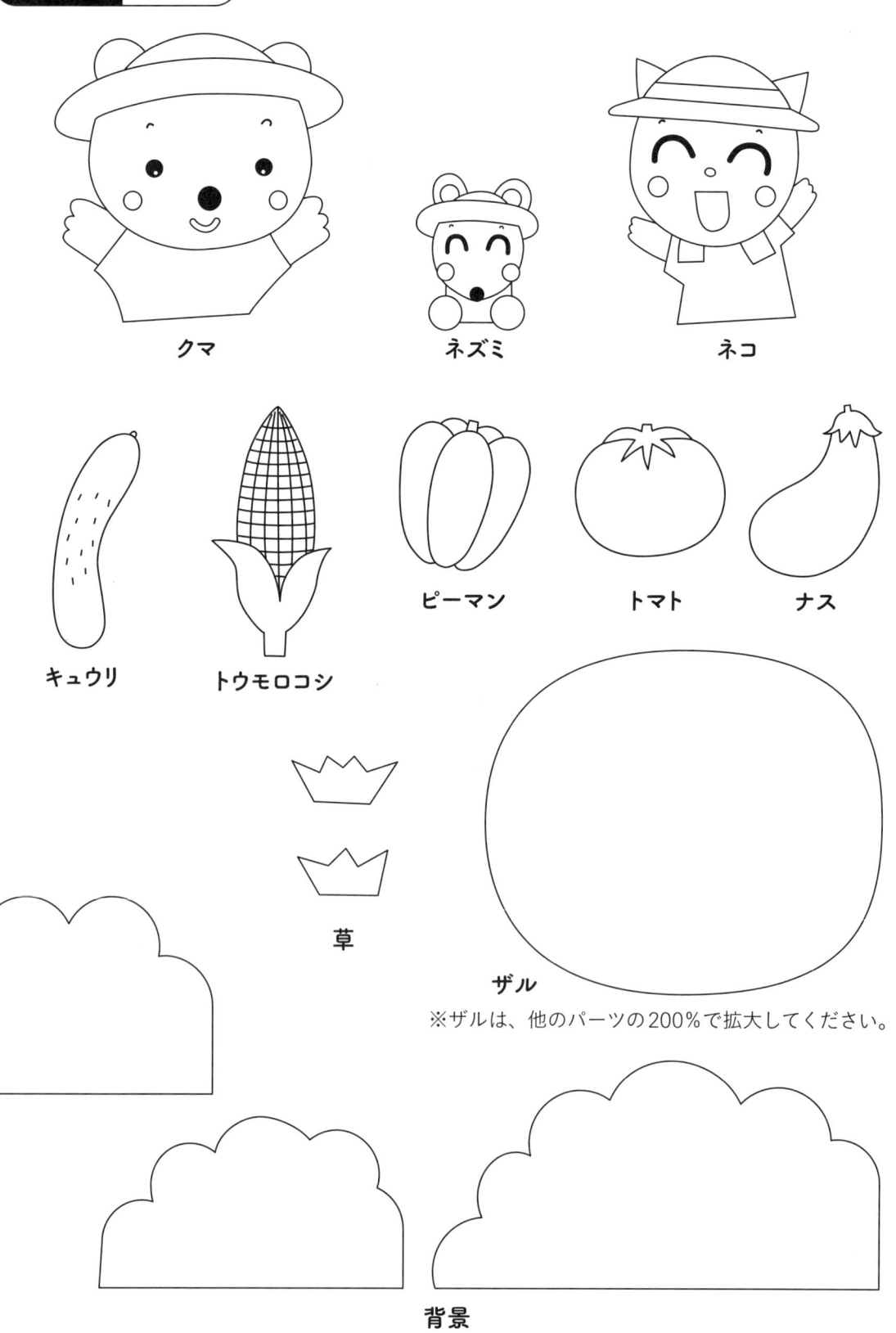

クマ

ネズミ

ネコ

キュウリ

トウモロコシ

ピーマン

トマト

ナス

草

ザル

※ザルは、他のパーツの200％で拡大してください。

背景

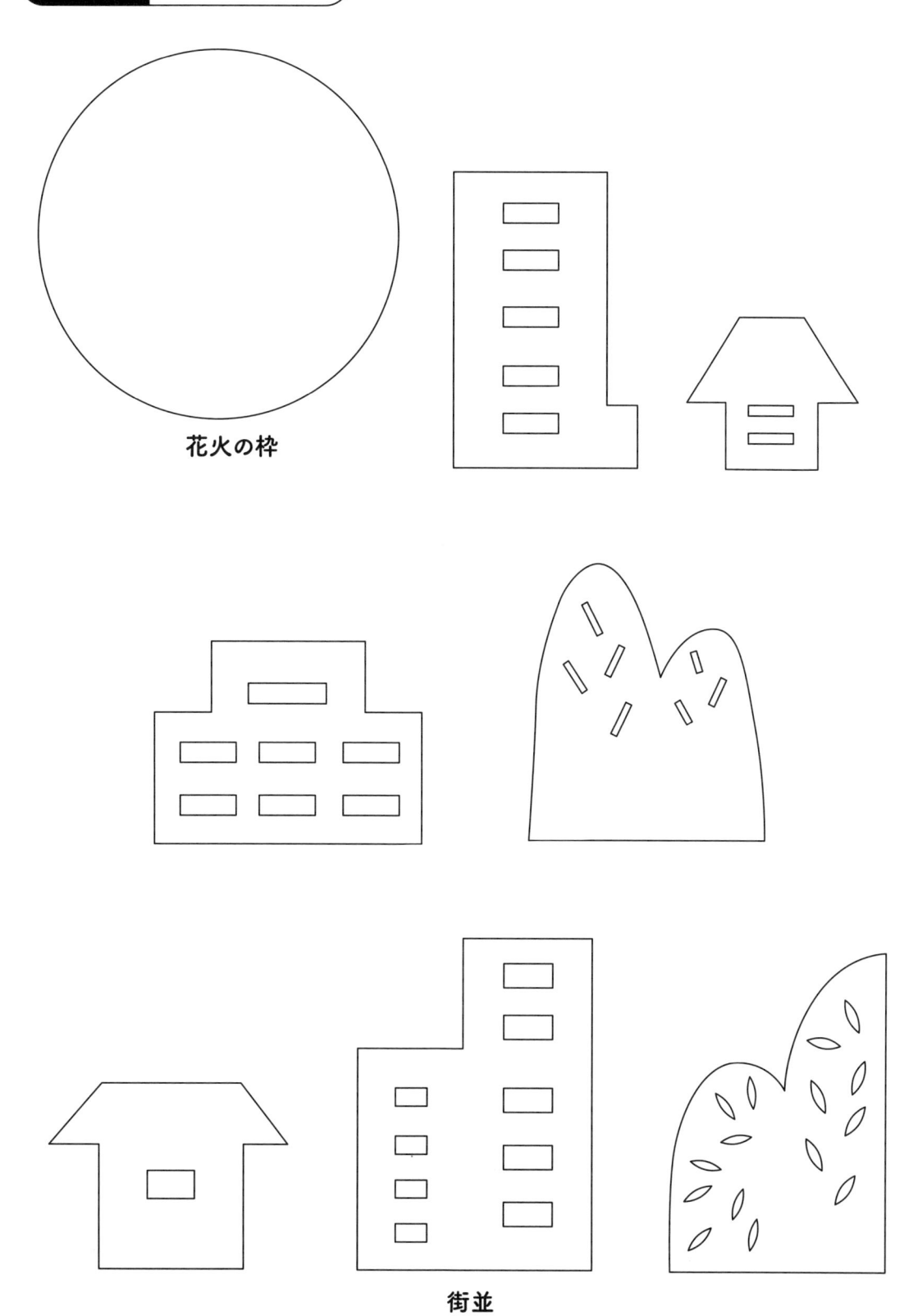

花火の枠

街並

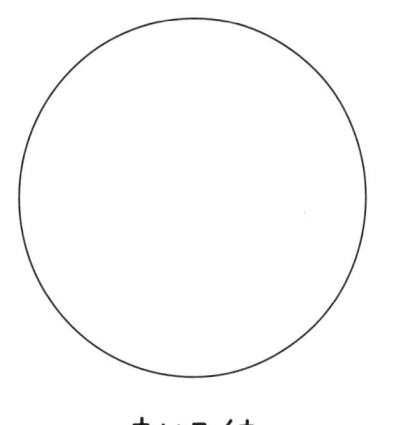

丸いスイカ

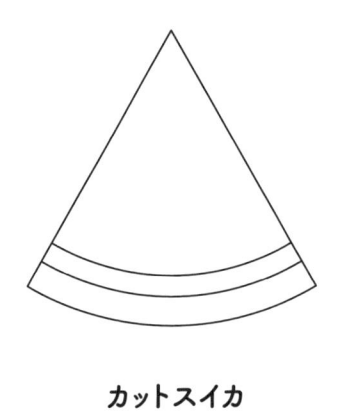

カットスイカ

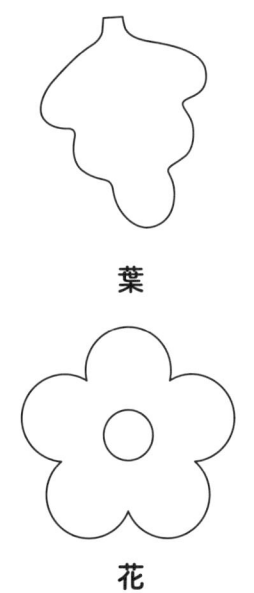

葉

花

P.53 軒先の風鈴

短冊

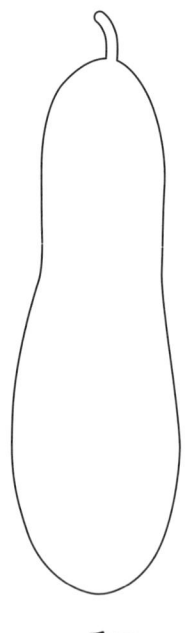

ヘチマ

花

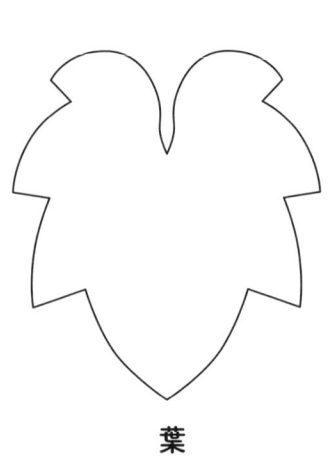

葉

P.54-55 ぐるぐるヒマワリ 葉はヒマワリ共通です。

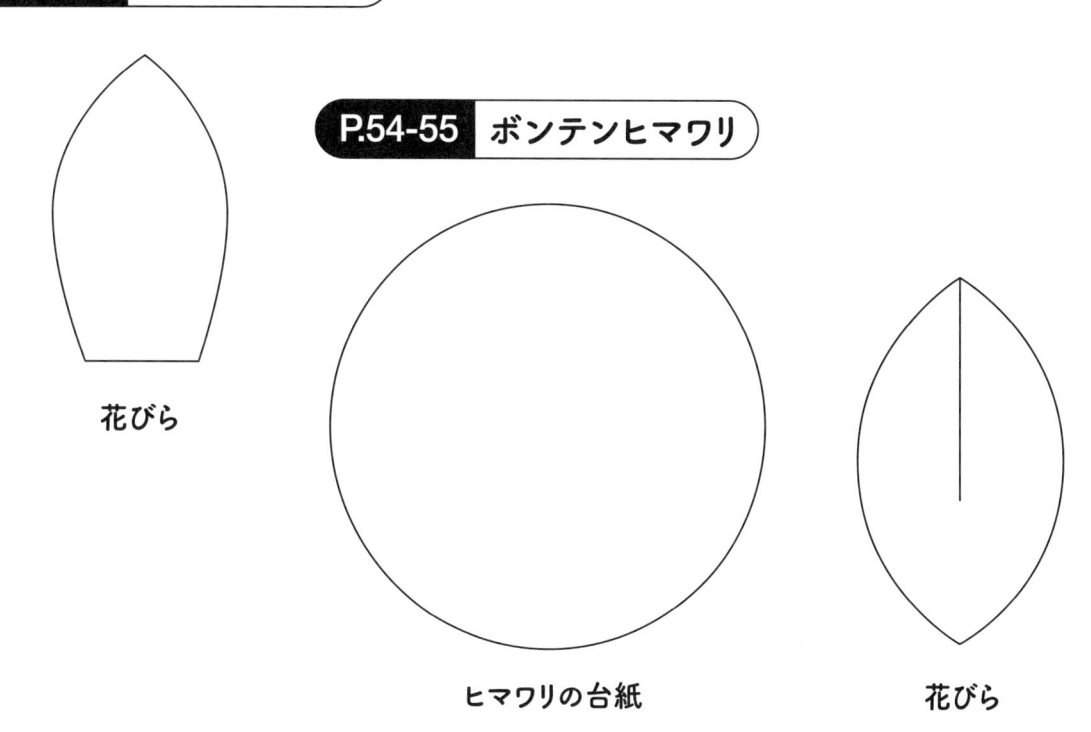

花びら

P.54-55 ボンテンヒマワリ

ヒマワリの台紙

花びら

P.54-55 ストローヒマワリ

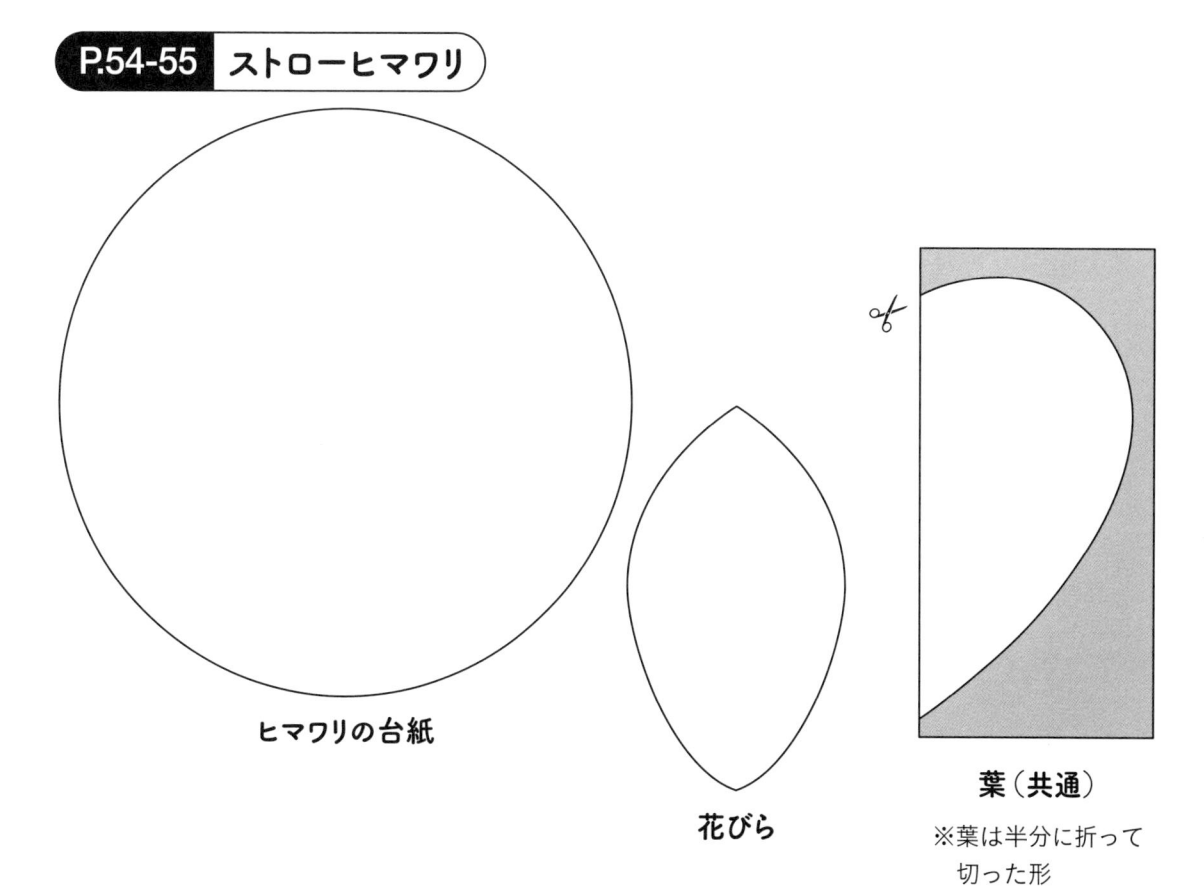

ヒマワリの台紙

花びら

葉（共通）

※葉は半分に折って
　切った形

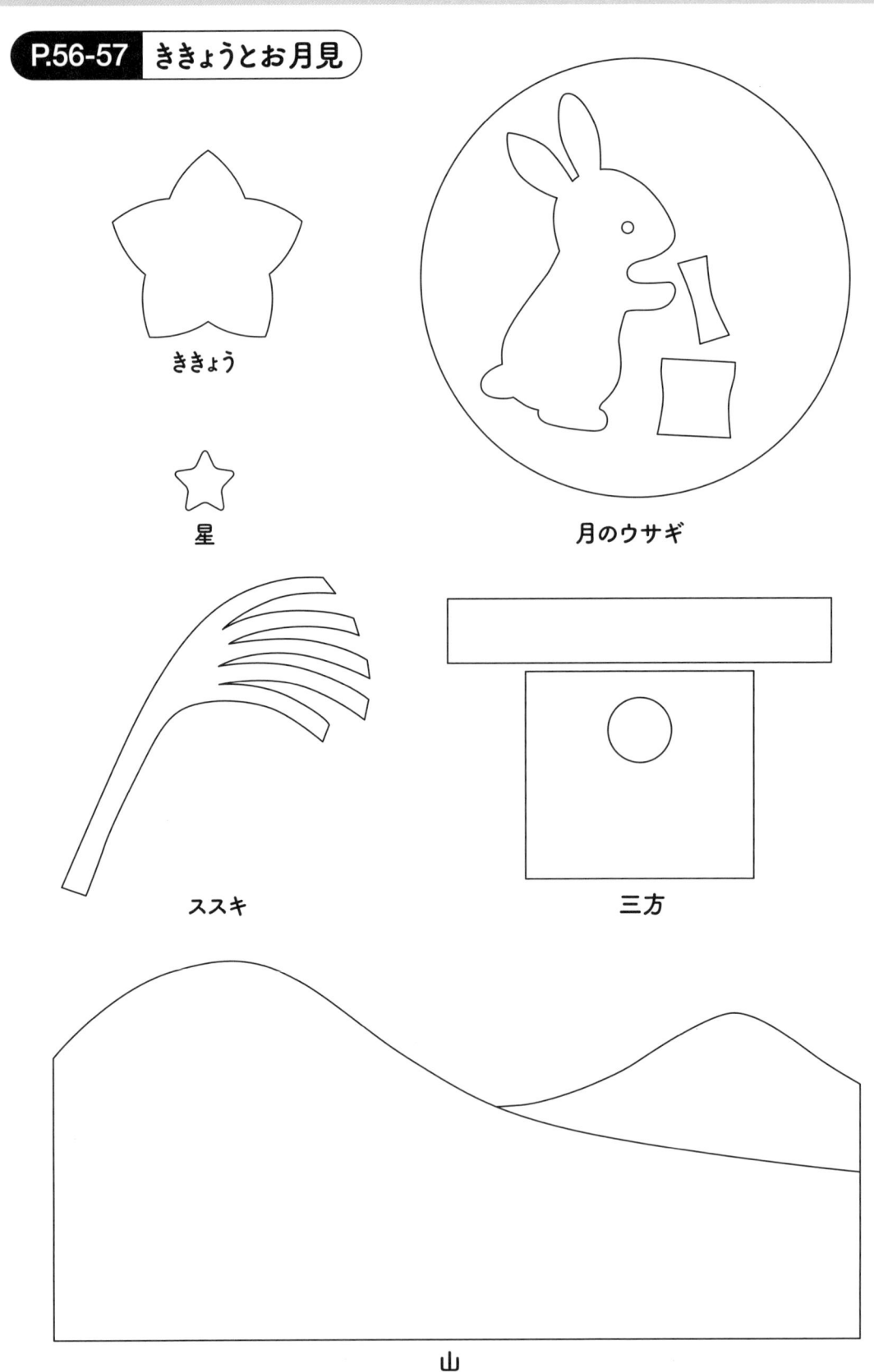

ききょう

星

月のウサギ

ススキ

三方

山

※山は、他のパーツの200％で拡大してください。

P.58 **満開のコスモス** コスモスの花びらの先はピンキングばさみで切りましょう。

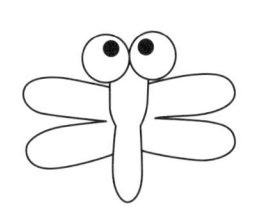

トンボ

雲

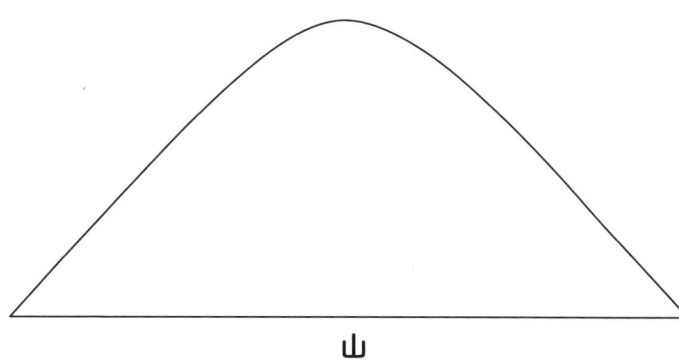

木

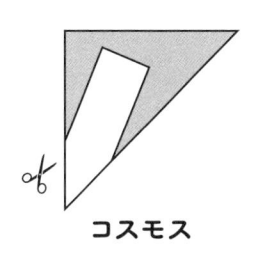

コスモス

山

P.59 **実ったぶどう**

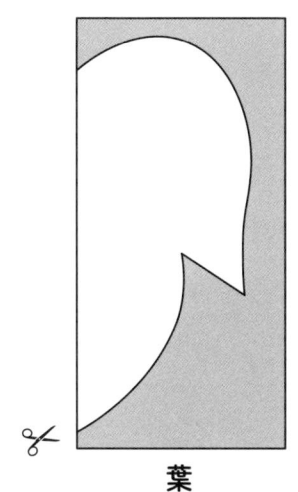

葉 ※葉は半分に折って切った形

栗の収穫 イガはピンキングばさみで切りましょう。

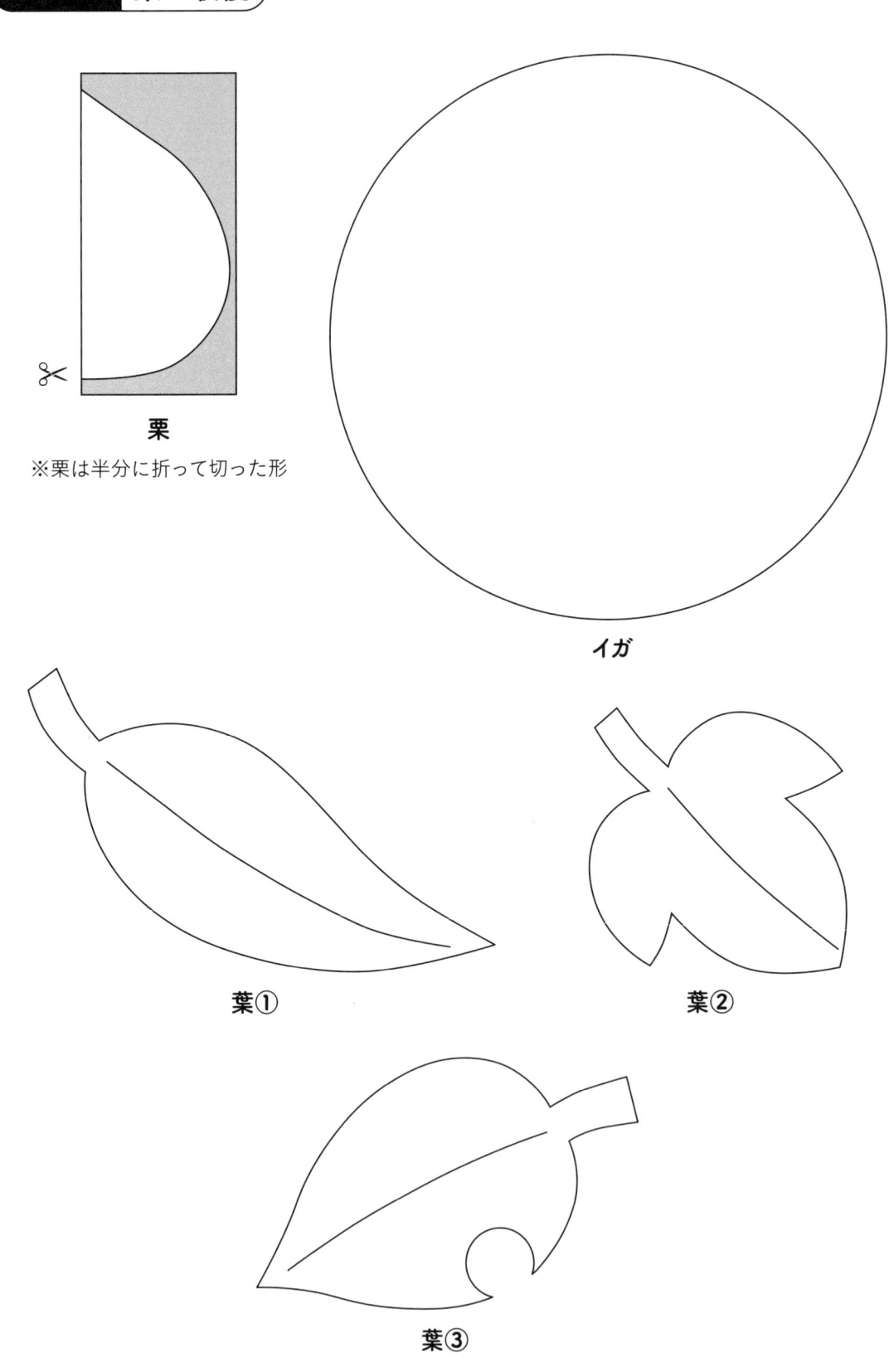

栗

※栗は半分に折って切った形

イガ

葉①

葉②

葉③

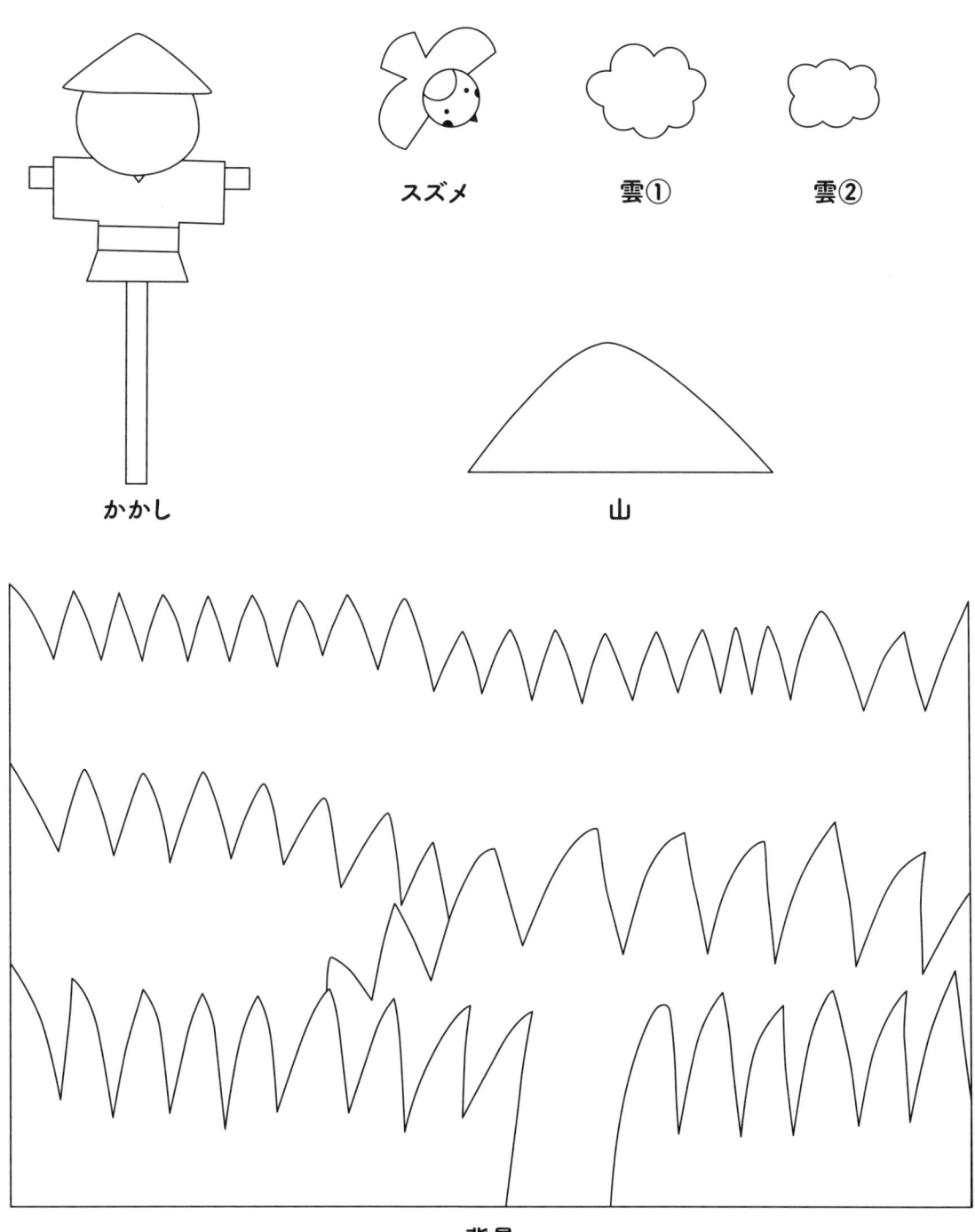

スズメ

雲①

雲②

かかし

山

背景

P.64 トンボ コスモスの花びらの先はピンキングばさみで切りましょう。

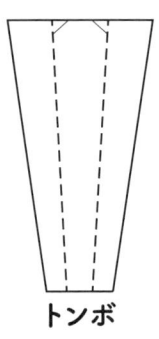

トンボ

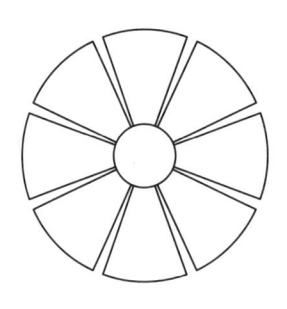

コスモス

茎・葉①

茎・葉②

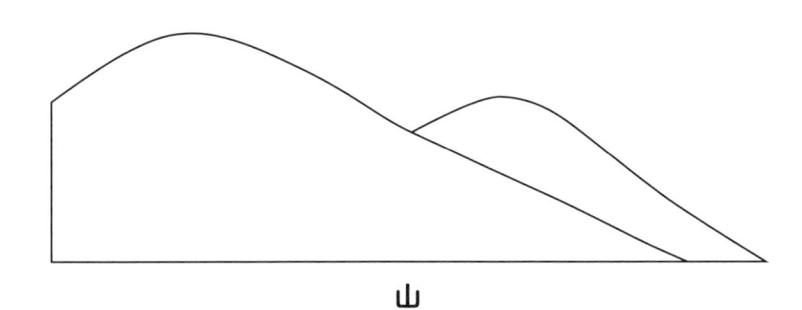

山

P.65 ハロウィン コウモリの顔はすべて丸シールです。

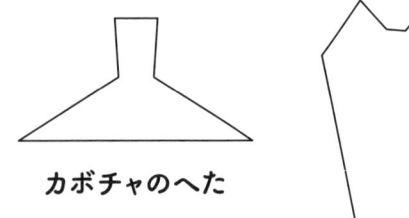

カボチャのへた

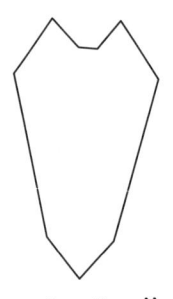

コウモリの体

月

星

おばけ

✂ 葉①

✂ 葉②

✂ 葉③

鳥①

鳥②

幹

背景

イヌ

たき火

いも

クマ

葉①　葉②　葉③

※葉②、葉③は半分に折って切った形

こびと①

こびと②

こびと③

草

音符

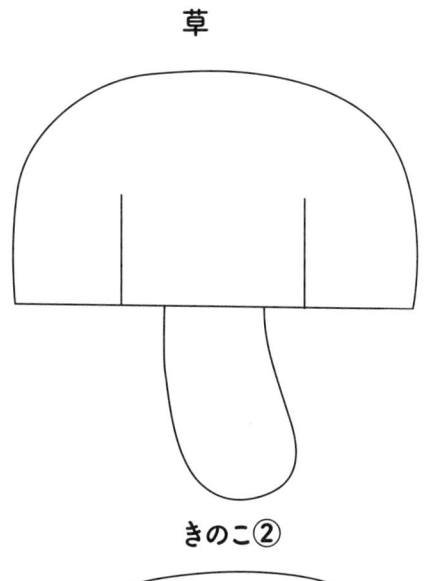

きのこ②

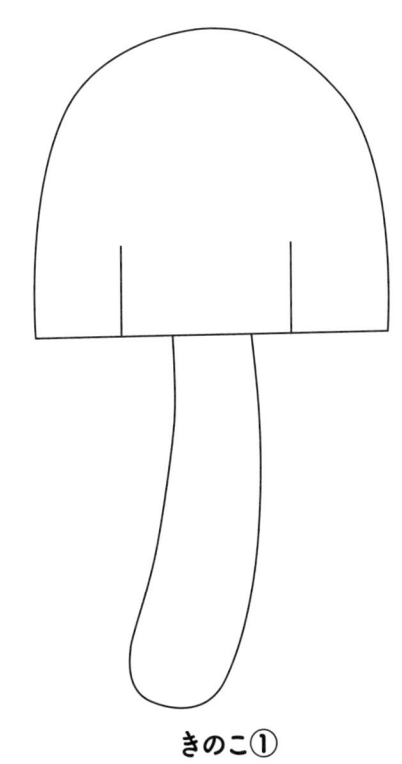

きのこ①

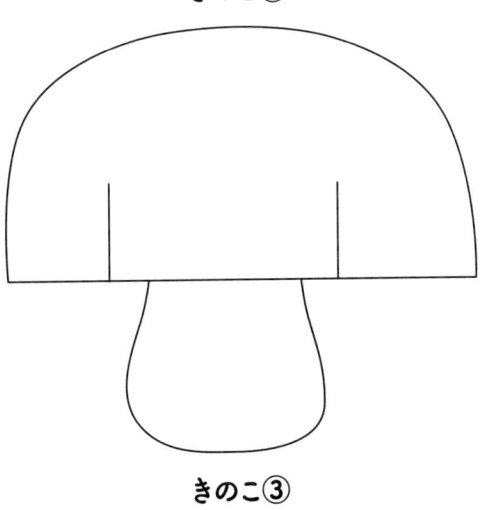

きのこ③

P.70-71 ジグザグ菊 葉は菊共通です。

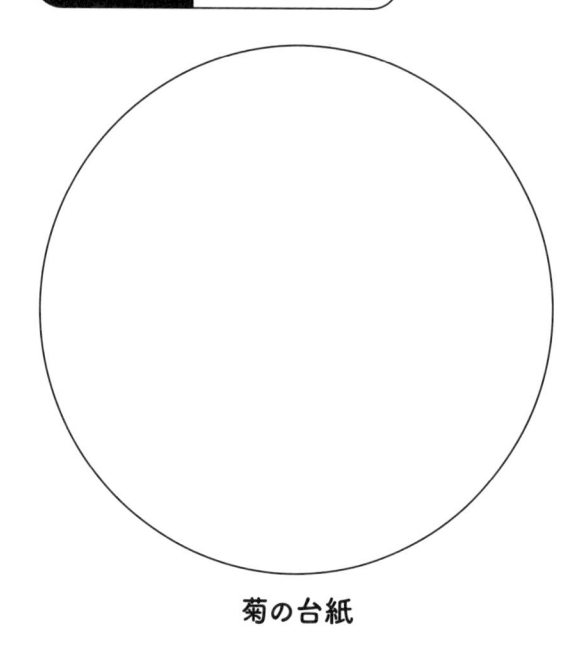

菊の台紙

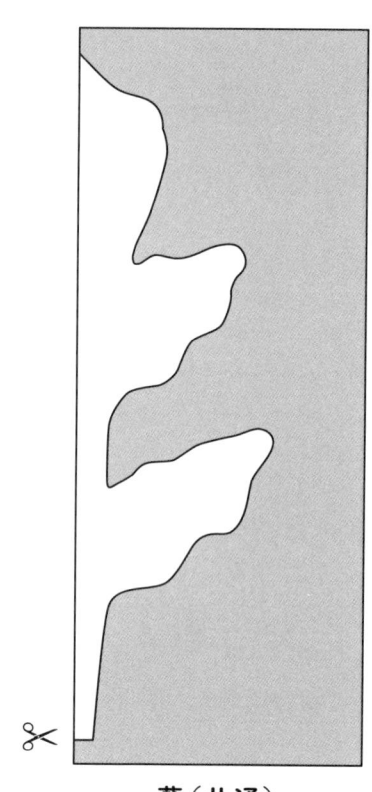

葉（共通）

※葉は半分に折って切った形

P.70-71 ヒラヒラ菊

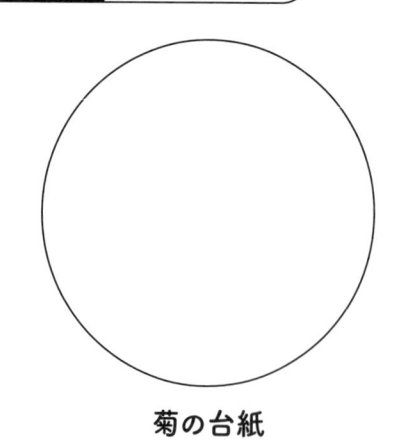

菊の台紙

P.72-73 クリスマス

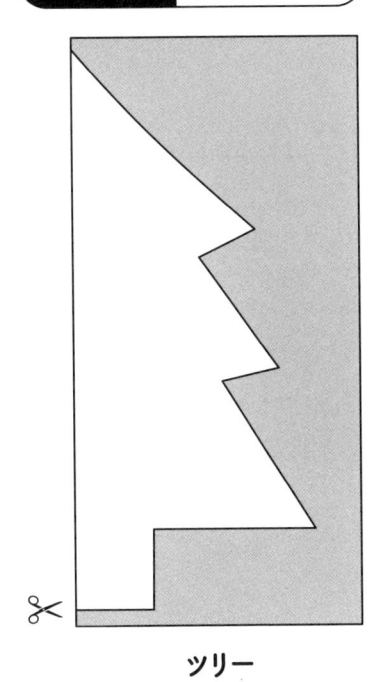

ツリー

※半分に折って切った形

P.74-75 雪の結晶

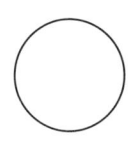

キラキラ

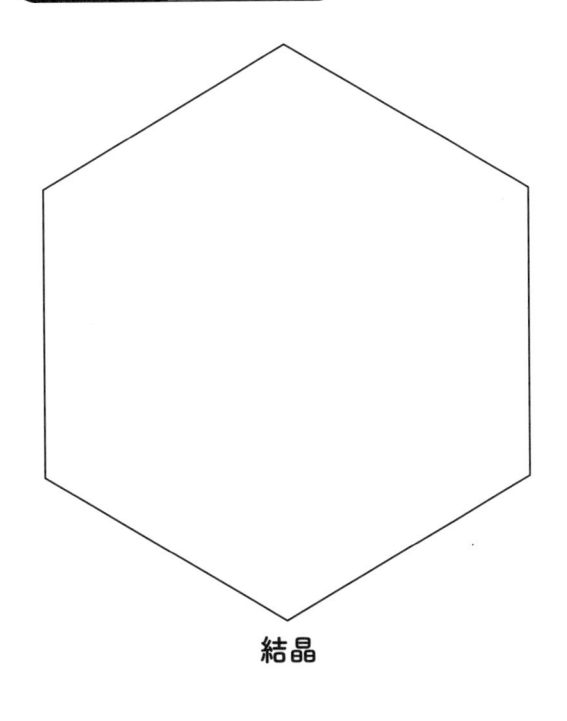

結晶

P.76 毛糸のリース

星

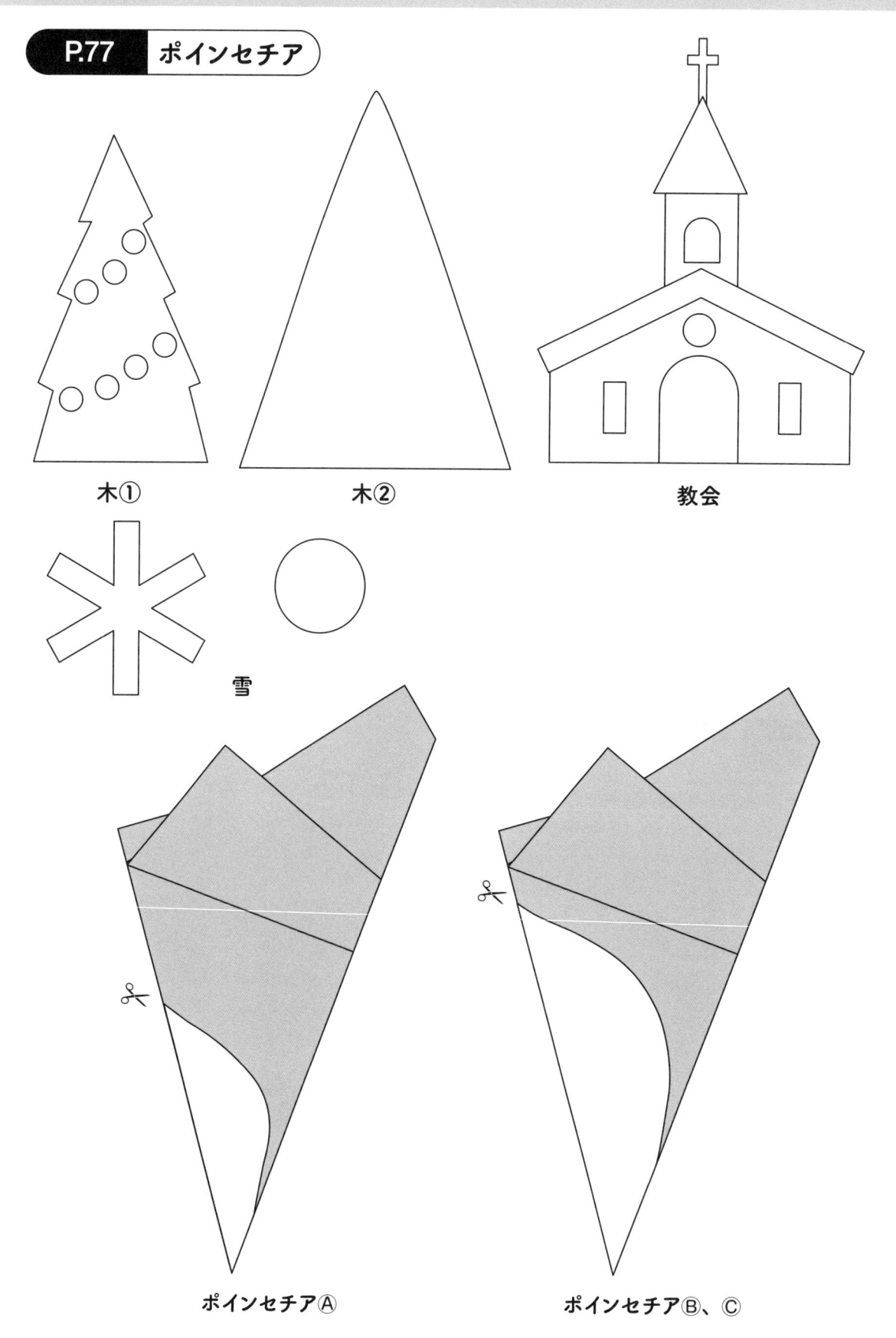

木①

木②

教会

雪

ポインセチア Ⓐ

ポインセチア Ⓑ、Ⓒ

雲形

ハート型

● 監修者

さんぺい
三瓶あづさ

医療法人社団三喜会介護老人保健施設ライフプラザ新緑リハビリテーション部レクリエーショントレーナー。リハビリの要素を取り入れたレク活動を提供する専門スタッフとして勤務。日々、利用者の方と楽しい時間を過ごすことをモットーとしている。主な著書に『高齢者が元気になる レクリエーション』（日本文芸社）がある。

● プラン・製作

◆ あかまあきこ（プラン）／浦田利江（製作）
36、38、44、72 ページ

◆ うえはらかずよ
17、22、24、32、52、56、64、66、77 ページ

◆ 尾田芳子
11下、14、20、28、43、49、53、58、62、68 ページ

◆ 町田里美
12、21、27、30、37、40、46、54、60、69、76 ページ

◆ 宮地明子
16、18、26、33、34、42、48、50、59、65、70、74、78、79 ページ

STAFF 　本文デザイン・DTP ／谷 由紀恵
　　　　撮影／林 均
　　　　本文イラスト／三角亜紀子、わたいしおり
　　　　型紙／有限会社ゼスト
　　　　編集協力／小暮香奈子（株式会社スリーシーズン）
　　　　編集担当／柳沢裕子（ナツメ出版企画株式会社）

本書に関するお問い合わせは、書名・発行日・該当ページを明記の上、下記のいずれかの方法にてお送りください。電話でのお問い合わせはお受けしておりません。
• ナツメ社 web サイトの問い合わせフォーム
　https://www.natsume.co.jp/contact
• FAX（03-3291-1305）
• 郵送（下記、ナツメ出版企画株式会社宛て）
　なお、回答までに日にちをいただく場合があります。
　正誤のお問い合わせ以外の書籍内容に関する解説・個別の相談はおこなっておりません。
　あらかじめご了承ください。

ナツメ社Webサイト
https://www.natsume.co.jp
書籍の最新情報（正誤情報を含む）は
ナツメ社Webサイトをご覧ください。

こうれいしゃ
高齢者とつくる
かんたん！ かわいい！ 季節の壁面飾り

き せつ　　　　　へ き めん ん かざ

2024 年 11 月 5 日　初版発行

監修者	三瓶あづさ（さんぺい）	Sanpei Azusa,2024
発行者	田村正隆	
発行所	株式会社ナツメ社	
	東京都千代田区神田神保町1-52　ナツメ社ビル1F（〒101-0051）	
	電話　03-3291-1257（代表）	
	FAX　03-3291-5761	
	振替　00130-1-58661	
制　作	ナツメ出版企画株式会社	
	東京都千代田区神田神保町1-52　ナツメ社ビル3F（〒101-0051）	
	電話　03-3295-3921（代表）	
印刷所	広研印刷株式会社	

ISBN978-4-8163-7630-6　　Printed in Japan